Vorwort

In guter Erreichbarkeit zu den Ballungszentren München und Augsburg gelegen, erfreut sich das Fünfseenland um Starnberger See und Ammersee bereits seit Jahrzehnten besonderer Beliebtheit als Naherholungsgebiet. Aber auch der länger übernachtende Fremdenverkehr hat mittlerweile den Reiz dieser Landschaft entdeckt, die vor allem dem Wanderer und Wassersportler viel zu bieten hat. In günstiger Lage zum kulturellen Angebot der Großstädte und den Naturschönheiten des nahen Gebirges zieht das Fünfseenland von Jahr zu Jahr mehr Erholungssuchende in seinen Bann.

Um die natürlichen Grundlagen dieser Landschaft zu schonen, sind die Seeufer aus ökologischen Gründen zwar nicht überall frei zugänglich, auch das Betreten der Naturschutzgebiete ist an Auflagen gebunden, in den Badebereichen unterliegen Segler und Surfer Beschränkungen und der Schutz der kulturhistorisch bedeutenden Bodendenkmäler sollte eine Selbstverständlichkeit sein. Doch gerade diese „Spielregeln" unterstreichen den Beliebtheitsgrad und den hohen Freizeitwert des Fünfseenlandes. Dieses KOMPASS-Wanderbuch führt den Benutzer dorthin, wo diese Landschaft mit ihrem eiszeitlich geprägten Formenschatz am schönsten und eindruckvollsten ist: in die Totenstadt unserer Vorfahren im Mauerner Wald und auf den Hannawiesen bei Herrsching, zu den bronzezeitlichen Gräberfeldern um Frieding, Pähl und Eberfing, zur Kultstätte der Kelten bei Utting oder zu den noch sichtbaren Straßendämmen, über die römische Legionäre durch unser Land zogen. Reizvoll auch das Kiental bei Herrsching, der Würmdurchbruch bei Mühltal, die Pähler und Maisinger Schlucht. Beeindruckend der Blick von der Ilkahöhe bei Tutzing, von der Hirschbergalm bei Pähl oder dem „Königshügel" bei Breitbrunn am Ammersee. An Kloster Andechs führt (fast) kein Weg vorbei und auch die Zukunft hat mit der Erdfunkstelle Raisting bereits Besitz vom Fünfseenland ergriffen.

Längst versunkene Burgen auf dem Schatzberg bei Dießen, auf dem Klosterberg von Andechs oder auf dem Karlsberg bei Mühltal wachten einst über diese Landschaft, für deren Erhalt wir heute und auch morgen Sorge tragen müssen.

W0053382

Klaus Götzl
Geschäftsführer

Fremdenverkehrsverband
Starnberger Fünfseenland

Inhaltsverzeichnis

4

Das Fünfseenland verdankt seine Entstehung der landschaftsbilden-den Kraft des Isarvorlandgletschers. Den großen Alpentoren des Loi-sachtals, des Kochel- und Walchensees, der Ammer und des Isartals entströmten in viermaliger Wiederkehr Eismassen von mehreren hun-dert Metern Mächtigkeit. Sie trugen ungeheure Mengen an Sand und Geröll mit sich, die sie auf den weichen Mergeln und Sandsteinen des Tertiärs, der dem Eiszeitalter vorausgehenden Periode, ablagerten. Die an der Stirn und den Seiten der Gletscher aufgetürmten Schuttmassen bilden die End- und Seitenmoränen, der an der Sohle des Eises mitge-schleppte Schutt lagerte sich als Grundmoräne ab. Innerhalb des End-moränengürtels sind weite Gebiete im Fünfseenland von dieser Grund-moräne überdeckt. Ihre Oberfläche bilden häufig sanfte Geländewel-len, die sich zu Drumlins steigern können. Diese in der Eisrichtung in die Länge gezogenen stromlinienförmigen Drumlinhügel treten in Fel-dern auf („Eberfinger Drumlinfeld"), in denen sie gestaffelt angeordnet sind.

Die Eismassen des Isargletschers sind unter den Alpenvorlandglet-schern der letzten der vier Eiszeiten, der Würmeiszeit, am weitesten nach Norden vorgedrungen. Im Fünfseenland liegen seine Endmorä-nengürtel bei Grafrath und Mühltal. Spuren früherer Vereisungen fin-den sich nur sehr selten im Fünfseenland (z. B. mindeleiszeitliche Ab-lagerungen im Taleinschnitt des Burgleitenbaches bei Pähl).

Die aus den vier genannten Alpentoren gespeisten Eisströme schufen auf den Linien besonders starker Strömung deutlich ausgeprägte, tief aus dem Boden geschürfte Stammbecken: Das Ammergauer, Mur-nauer, Kochelsee- und Tölzer Becken, in denen nach dem Rückzug des Eises riesige Schmelzwasserseen lagen.

Heute sind sie teilweise vermoort (z. B. „Murnauer Moos") oder bilden Restseen. Nach Norden zu entstanden weitere Zweigbecken wie das Ammerseebecken, das Würmseebecken und das Wolfratshauser Bek-ken, die alle mit Wasser gefüllt waren.

Während der Zeit seines Abschmelzens arbeiteten die Schmelzwas-serflüsse des Isarvorlandgletschers einen Teil der Moränenablagerun-gen zu Schottern um und lagerten diese am Gletscherrand und zwi-schen den zerfallenen Eisresten ab. Manche Eisblöcke blieben — von Schottern überdeckt — lange als „totes Eis" erhalten. Wo solche Eis-blöcke schmolzen, rutschte der Schotter nach und bildete Kessel, die sich mit Grundwasser füllten. Zu diesen Toteisseen zählen im Fünf-seenland vor allem die Osterseen und der Weßlinger See.

Die Seen des Wolfratshauser und Tölzer Beckens sind längst ver-schwunden, weil es ihren Abflüssen gelang, die vorgelagerten Morä-nenriegel zu durchsägen. Der Ammer und Würm ist ein solcher Durch-bruch nur teilweise gelungen, so daß Ammersee und Starnberger See in ihren Zweigbecken erhalten blieben, wenn auch nicht in ihrer ur-sprünglichen Gestalt. So ist viel stärker als der Starnberger See der

Ammersee vom Verlanden bedroht, der einst das ganze Zungenbecken zwischen Polling und Grafrath ausgefüllt hat.

Das vom Isarvorlandgletscher geprägte Landschaftsbild ist im Fünfseenland noch fast vollständig erhalten. Zu kurz war — erdgeschichtlich gesehen — die Zeitspanne seit der letzten Vereisung, um das „glaziale Bild" des Fünfseenlandes umzugestalten. Die Böden wechseln sehr, doch überwiegen lehmige Kies- und Schotterböden. Auf der Endmoräne und den Schotterflächen sind die Böden seicht und trocknen rasch ab, auf der Grundmoräne zwischen den Zungenbecken der großen Seen sind sie schwerer und bedürfen, wenn sie als Ackerland genutzt werden, der Entwässerung. In Mulden sind anmoorige Böden und echte Moorböden verbreitet. Der Endmoränengürtel trägt von Natur aus Buchenwald, die Grundmoränenlandschaft ist durch Buchen-Fichten-Mischwald charakterisiert.

Die langgestreckte Form des **Starnberger Sees** spiegelt noch heute die Umrisse der Gletscherzunge des jüngsten Isargletschers wider. Der früher auch „Würmsee" genannte Starnberger See ist 21 km lang und bedeckt bei einer Breite zwischen 2 km und 5 km eine Fläche von 57 km². Seine größte Tiefe liegt mit 123 m vor Allmannshausen. Wegen seines kleinen Niederschlaggebiets von 310 km² erneuert sich sein Wasser nur alle 21 Jahre. Dem See fehlt ein größerer Zufluß, so daß die Gefahr des Verlandens relativ gering ist. Auch sein Abfluß, die Würm, hat sich nur zögernd seinen Weg durch den Endmoränenwall bei Mühltal gesucht, so daß dem Starnberger See das Schicksal des Leerlaufens (wie z. B. beim ehemaligen Wolfratshauser See und Tölzer See) — bisher — erspart blieb. Der „Fürstensee", wie ihn der Volksmund nennt, zog sehr früh das höfische Leben an: Als im 14. Jh. die bayerischen Herzöge die Starnberger Burg als Sommerresidenz bezogen, siedelten sich in ihrem Gefolge Edelsitze rund um den See an. Der erste Raddampfer („Maximilian") machte 1851 seine Jungfernfahrt und die Eröffnung der Eisenbahnlinie München — Starnberg im Jahre 1854 war der Beginn eines regen Ausflugsverkehrs für die Bevölkerung Münchens an den Starnberger See. Doch seine Ufer sind nicht einmal zur Hälfte frei zugänglich. Von den gut 49 km Uferlänge sind nur knapp 21 km frei zugänglich, etwa 23 km Ufer sind wegen privater Nutzung und fast 6 km aus ökologischen Gründen nicht betretbar.

Beim Rückzug des Gletschers, der das Zungenbecken des Starnberger Sees ausgeschürft hat, blieben riesige Eisblöcke zurück, die von Schotter- und Sandmassen bedeckt und umgrenzt waren. Nach dem Abschmelzen dieses „Toteises" füllten sich die Mulden („Sölle") mit Wasser und bilden heute die reizvolle Toteislandschaft der 21 Osterseen zwischen Seeshaupt und Iffeldorf. Besonders bei den Iffeldorfer „Dellen" und um den Frechensee müssen viele begrabene Toteisblöcke zum Abschmelzen gekommen sein, denn hier sind in die ebene Schotterterrassenfläche zahlreiche tiefe Gruben und Kessel eingelassen. Das gesamte Gebiet der Osterseen steht unter Naturschutz. Die Nutzung dieser Landschaft zur Freizeitgestaltung ist daher nur sehr eingeschränkt möglich.

Der **Ammersee** ist 16 km lang und bei einer Breite zwischen 3 km und 5 km 47 km² groß. Seine größte Tiefe liegt mit 80 m zwischen Herrsching und Riederau. Der nach Abschmelzen des Gletschereises entstandene See lag um gut 25 m höher und füllte das Zungenbecken zwischen Polling und Grafrath aus. Sein Abfluß, die Amper, sägte sich bei Grafrath durch die Endmoräne und ließ den Wasserspiegel des Ammersees sinken. Im Norden und Süden des Sees vermoorten weite Flächen und der starke Zufluß der Ammer (17 m³/sec) sorgt mit seiner Schotterfracht dafür, daß der Ammersee in etwa 10 000 Jahren verschwunden sein wird.

Den schönsten Ausblick auf das ehemalige Seebecken hat man von der Hirschbergalm bei Pähl. Wegen seines großen Niederschlaggebietes von 1000 km² und der starken Wasserzufuhr durch die Ammer erneuert sich sein Wasser alle zweieinhalb Jahre. Der Beginn der Dampfschiffahrt (1877) und die Eröffnung der Bahnlinie München—Herrsching (1903) machten den „Bauernsee", so der Volksmund, zum beliebten Ausflugsziel. Von allen großen Seen im Fünfseenland ist der freie Seezugang am Ammersee am weitesten verwirklicht. Fast 23 km sind von den 42 km Uferlänge frei zugänglich, gut 10 km dürfen wegen privater Nutzung und fast 9 km aus ökologischen Gründen nicht betreten werden. Seine eiszeitliche Entstehung kann vor allem das Westufer des Ammersees nicht leugnen. Einzelbäume, Baumgruppen und zusammenhängende Wälder gliedern die Uferlandschaft. Ihr Abwechslungsreichtum wird insbesondere durch die Dettenhofener Filze und Häsle sowie das Obere und Untere Seeholz bei Riederau erhöht.

Umstritten ist die Entstehungsgeschichte des **Wörthsees.** Einige Forscher sehen in ihm einen Teil des Ammersees, wahrscheinlicher aber ist seine Entstehung durch Wasseraufstau in einer von Moränen eingeschlossenen Mulde. Der früher auch „Ausee" genannte Wörthsee mißt in der Länge 3,7 km, in der Breite 2 km und in der Tiefe 34 m. Bei einer Oberfläche von 4,5 km² entwässert er durch den Inninger Bach zur Amper. Die Ufer des Wörthsees sind nur an wenigen Stellen frei zugänglich. Über 8 km des nur 11 km langen Ufers werden privat genutzt, knapp ein halber Kilometer ist zudem aus ökologischen Gründen nicht betretbar. Doch gemeindliche Badeplätze und das Erholungsgebiet Oberndorf erschließen den See dem Naherholungsverkehr.

Eindeutig ein Seitenarm des Ammersees war der **Pilsensee,** der in der Nacheiszeit durch größere Schuttkegelbildungen des Kienbaches und durch biologische Verlandung von diesem abgetrennt wurde. Die vermoorte Fläche bildet heute das Herrschinger Moos (Naturschutzgebiet). Einst reichte der Pilsensee, früher wegen seiner Schilf (Binsen-) Bestände auch „Binsensee" genannt, bis Delling und war nur durch einen schmalen Moränenrücken vom Weßlinger See abgetrennt. Bei einer Länge von 2,8 km und einer Breite von 1 km überdeckt er eine Fläche von 1,9 km². Sein bis zu 30 m tiefes Wasser ist radiumhaltig. Sein 6 km langes Ufer ist nur auf 1,3 km frei zugänglich, 2,6 km sind in privater Hand und 2,1 km aus ökologischen Gründen unzugänglich.

Einem vom zurückweichenden Gletscher abgetrennten Eisblock verdankt der **Weßlinger See** seine Entstehung. In einer moränenumschlossenen Mulde staute sich das Schmelzwasser und bildete einen Toteissee, der vom Grundwasser gespeist wird. Nur 18,8 ha mißt seine Oberfläche, doch sind von dem 1,8 km langen Ufer 1,6 km frei zugänglich, nur 200 m sind wegen privater Nutzung nicht betretbar. Dem sauerstoffarmen See wird künstlich Sauerstoff zugeführt.

Geologie

Der Untergrund des Alpenvorlandes um Ammer- und Starnberger See ist Teil des Bayerischen Molassebeckens. Das Molassemeer war dem Alpenbogen vorgelagert. Hier sammelte sich während der Gebirgsbildung zur Zeit des Tertiärs vor ca. 65 Millionen Jahren der Abtragungsschutt des aufsteigenden Alpenkörpers. Gewaltige Mengen von groben Schottern, Sanden, Mergeln und Tonen wurden durch Flüsse antransportiert. Durch zweimalige Abschnürung vom Hauptmeer, kam es zur Aussüßung des Ablagerungsraumes. Entsprechend den jeweiligen Bildungsbedingungen lassen sich die Gesteinsabfolgen in Untere Meeres- und Untere Süßwassermolasse sowie in Obere Meeres- und Obere Süßwassermolasse gliedern. Durch den Anschub der Alpen aus dem Süden wurden die Schichten in den Randzonen gefaltet und steilgestellt (Faltenmolasse). Die Molassezone wird von Trias- und Jurasteinen unterlagert, die in der Schwäbischen Alb zu Tage treten. Diese Meeresablagerungen entwickelten sich am Südrand des Ureuropäischen Kontinents über dem kristallinen Grundgebirge. In zahlreichen Erdölbohrungen wurde dieser geologische Aufbau bewiesen.
Im Bereich des Fünfseenlandes sind Molasseaufschlüsse allerdings nicht besonders häufig. Die aus den Alpen mehrfach vorstoßenden Gletscher der Eiszeiten hinterließen riesige Moränenfelder, die alle anderen Gesteinseinheiten überdeckten. Die Gletscher der Rißeiszeit griffen am weitesten nach Norden vor. Ihre Ablagerungen finden sich bis auf die Höhe von Fürstenfeldbruck. Darüber liegen die Moränen der Würmeiszeit. Die Würm, die den Abfluß des Starnberger Sees bildet, war für diese Epoche namengebend. Im Moränengebiet und im Vorland der Gletscher entwickelten sich während der zwischeneiszeitlichen Kaltzeiten durch die abfließenden Schmelzwässer ausgedehnte Schotterfluren (z. B. die Würmeiszeitlichen Schotter).
In den durch die Gletscherzungen ausgeräumten Becken, die von den Rücken der Endmoränenwälle umgeben sind, liegen die Seen des Alpenvorlandes, z. B. der Ammer- und Starnberger See. Aus den verlandeten, ehemaligen Seeflächen entstanden Sümpfe und Moore, wie um das Osterseengebiet.
Dieser reich gegliederten eiszeitlichen Geschichte verdankt das Fünfseenland seine landschaftliche Schönheit.

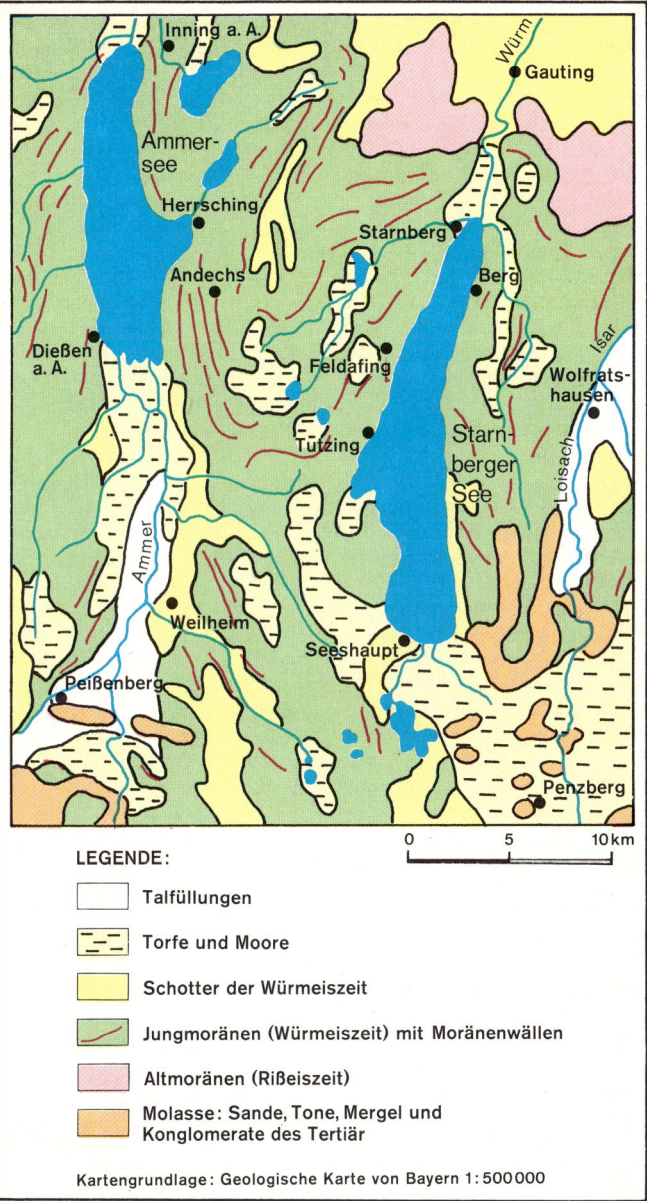

LEGENDE:

- ☐ Talfüllungen
- ☐ Torfe und Moore
- ☐ Schotter der Würmeiszeit
- ☐ Jungmoränen (Würmeiszeit) mit Moränenwällen
- ☐ Altmoränen (Rißeiszeit)
- ☐ Molasse: Sande, Tone, Mergel und Konglomerate des Tertiär

Kartengrundlage: Geologische Karte von Bayern 1:500 000

Nach dem Rückzug der Gletscher aus dem Alpenvorland dauerte es viele Jahrtausende, bis auch das Fünfseenland für den Menschen bewohnbar wurde. Die ersten Spuren menschlicher Siedlungtätigkeit finden sich auf der Roseninsel im Starnberger See. Allerdings ist nach wie vor umstritten, ob die Holzpfähle, die im Seegrund vor der Insel gefunden wurden, Reste von Pfahlbauten oder nur Überbleibsel einer ehemaligen Landverbindung sind. Pfahlbaureste wurden auch im Bachhauser Filz gefunden, wo einst der eiszeitliche Bachhauser See zwischen Starnberger See und Isar lag, bevor er auslief und vermoorte. Erst in allerjüngster Zeit kamen Unterwasserarchäologen im Starnberger See vor Kempfenhausen einer jungneolithischen Siedlung auf die Spur. Zahlreich dagegen sind Siedlungsspuren aus der Bronzezeit (1800 – 800 v. Chr.) und der anschließenden Eisenzeit (800 v. Chr. – 1000 n. Chr.) in Form von Gräberfeldern, die sich als breites Band zwischen Ammersee und Starnberger See von Nordwesten nach Südosten durch das Fünfseenland ziehen. Hervorzuheben besonders die Hügelgräberfelder von Mauern, Herrsching („Hannawiesen") und Mühltal.
Bevor die Römer für fast 500 Jahre unser Gebiet in Besitz nahmen, siedelte hier der keltische Stamm der Belaunen (auch Belaunetes), benannt nach ihrer Hauptstadt Bel, dem heutigen Pähl.
Nachhaltige Siedlungsspuren hinterließen die Römer im Fünfseenland. Sie schufen vor allem ein Straßennetz, das ihre Anwesenheit um Jahrhunderte überdauerte und noch im Mittelalter zu den Hauptverkehrslinien zählte. Drei Römerstraßen durchziehen bzw. berühren unser Gebiet: auf den Höhen des Ammersee-Westufers verlief die Römerstraße Innsbruck – Garmisch – Augsburg, bei Rothenfeld und Mühltal sind Spuren der Römerstraße Bregenz – Gauting – Donau noch gut im Gelände auszumachen, während die Römerstraße Salzburg – Gauting – Augsburg nur den Norden des Fünfseenlandes berührte. Entlang dieser Straßen haben römische Siedler ihre Gutshöfe und Villen gebaut. Ausgegraben wurden sie vor allem bei Weßling („Frauenwiese"), Erling („Glasberg"), am Maisinger und Deixlfurter See sowie zwischen Utting und Schondorf.
Unter dem Ansturm germanischer Völker brach gegen Ende des fünften nachchristlichen Jahrhunderts die Römerherrschaft zusammen. An die mit Römern vermischte Bevölkerung („Walchen", „Welsche") erinnern noch heute Namen wie „Walchstadt" (Ortsteil von Wörthsee). Mit Beginn des 6. Jh. nahmen die Bajuwaren Besitz von unserem Gebiet. Auf ihre Siedlungstätigkeit geht die Vielzahl der Orte zurück, die mit der Nachsilbe „-ing" enden wie Tutzing (753 erstmals urkundlich erwähnt) und Herrsching (776). Heute noch sichtbare Hochäcker (am Glasberg bei Erling) zeugen von Methoden bajuwarischer Landbewirtschaftung. Unter dem Geschlecht der Agilolfinger (ab 550 n. Chr.) bildete sich ein Stammesherzogtum heraus, das in Grafschaften das Herrschaftsgebiet verwaltete. Im Fünfseenland herrschten die „Huosi";

noch heute wird das Gebiet um Starnberg, Dießen und Weilheim als „Huosigau" bezeichnet. Agilolfingische Gründungen sind Orte, deren Namen einen Bezug zu Wald, Rodung, Quelle, Brunnen haben: Buch, Steinebach, Breitbrunn, Etterschlag. Im 8. Jh. gewannen allmählich die Franken die Oberhand im Lande. Der Karolinger Karl der Große soll der Legende nach in der Reismühle bei Gauting zur Welt gekommen sein. Zumindest die einst den Würmdurchbruch bei Mühltal beherrschende „Karlsburg" unterstrich den karolingischen Herrschaftsanspruch. Aus ihren Trümmern (die Burg wurde um 1315 niedergelegt) erbaute man um 1565 das heutige Schloß Leutstetten, das nur wenige Steinwürfe entfernt von dieser Stelle steht.

Zwischen den Karolingern und Hohenstaufen schrieb das Grafengeschlecht der Andechser die Geschichte des Fünfseenlandes. Sie residierten zu Beginn des 11. Jh. in Dießen („Sconenburg"). Nach 1132 bauten sie die Andechser Burg (um 955 erstmals urkundlich erwähnt) aus und nannten sich seitdem Grafen von Andechs. Auf dem Drumlin, den heute das Kloster Andechs krönt, muß einst die Grafenburg gestanden haben. Reste einer Vorfestung wurden auf der Moränenhöhe am Ochsengraben zwischen Andechs und Herrsching gefunden. Belegt ist auch eine festungsähnliche Anlage („Fliehburg") jenseits des Kienbaches auf der Moränenhöhe im Bereich des „Hörndls" bei Herrsching. Mit dem Aussterben der Andechser (1248) gingen deren Besitzungen auf die Wittelsbacher über, die ab 1180 neben den Andechsern Grundlagen für funktionsfähige Verwaltungseinheiten in unserem Gebiet schufen. Durch die Beerbung des Hohenstaufers Konradin (1268) dehnten die Wittelsbacher ihr Herrschaftsgebiet bis zum Lech aus. Die von den Welfen 1173/90 an die Hohenstaufen abgetretenen Gebiete an Lech und Ammer wurden damit für immer bayerisch. Im 13./14. Jh. richteten die Wittelsbacher im Zuge einer umfassenden Organisation der Verwaltung in den Gebieten zwischen Lech und Isar auch die Pfleggerichte Pähl-Weilheim und (später) Starnberg ein, aus denen sich allmählich unsere heutige Verwaltungsstruktur im Fünfseenland entwickelte.

Örtliche Feudalherren bestimmten die Geschicke des Landes im Mittelalter. Mit der Niederlassung der bayerischen Herzöge auf der Starnberger Burg (14. Jh.) begann vor allem am Starnberger See das höfische Leben. Im 30jährigen Krieg kamen Tod und Verderben über das Land, die Pest entvölkerte ganze Ortschaften.

In den Kriegen des 18. Jahrhunderts hausten die Österreicher im Lande und verwüsteten weite Landstriche.

Mit dem Beginn der Dampfschiffahrt auf dem Starnberger See (1851) und dem Ammersee (1877) sowie der Eröffnung des Eisenbahnverkehrs nach Starnberg (1854) und Herrsching (1903) wurde das Fünfseenland verkehrsmäßig der erholungssuchenden Bevölkerung von München und Augsburg erschlossen. Neben den seit Jahrzehnten regen Naherholungsverkehr gesellt sich in zunehmendem Maße Fremdenverkehr.

Fauna und Flora

Neben dem Fischreichtum (v. a. Renke, Brachse, Aal) der Seen sind die zahlreichen Wasserflächen, Bachläufe und Feuchtbereiche im Fünfseenland Lebensraum für Amphibien sowie Wasser- und Sumpfvögel. Am Südufer des Ammersees wurde entlang des Flußlaufs der alten Ammer der Biber wieder heimisch.

Das Pflanzenkleid des Fünfseenlands trägt deutliche Spuren seiner eiszeitlichen Vergangenheit. Berühmt vor allem im **Bernrieder Filz** die Bestände der Zwergbirke, die nach Beendigung der Eiszeit als erste höhere Pflanze die kahlen Schuttflächen des Voralpenlandes besiedelt hat. Das **Ampermoos** zwischen Ammerseenordufer und Grafrath gilt als größte zusammenhängende Niedermoorfläche im Fünfseenland und unter den größeren Niedermooren des gesamten voralpinen Hügel- und Moorlandes als am weitesten nach Norden vorgeschoben. Auf den Streu- und Naßwiesen („Enzianwiese") in unmittelbarem Anschluß an das Naturschutzgebiet **Seeholz** bei Riederau kommt der stengellose Enzian vor. Dichten Altspirkenbestand findet man in den Hochmoorgesellschaften des **Beermooses** südwestlich von Dießen. Inmitten des Artenreichtums der Streuwiesen am **Ammerseesüdufer** wächst die Sibirische Schwertlilie. Im **Filzsee** bei Monatshausen hat sich ein Moorsee mit deutlicher Trennung zwischen Hochmoorvegetation im Süden und Niedermoorvegetation im Norden erhalten. Einer der wenigen naturnahen Buchenwaldbestände der Jungmoräne stockt im **Seebuchet** östlich von Seewiesen. In der tief in die Moräne eingeschnittenen **Pähler Schlucht** gedeiht die Alpenaurikel. Carex sempervirens und Anemone pulsatilla kommen in der seltenen Halbtrockenrasenvegetation des **Bäckerbichls** bei Andechs vor. Auf Streuwiesen zwischen den geschützten Hochmoorflächen von **Schattenmoos** und **Flachtenbergmoor** südlich Machtlfing wächst der Enzian. Großen Artenreichtum birgt der **Karpfenwinkel** südlich Tutzing auf Verlandungsflächen mit landeinwärts anschließenden Streuwiesen. Trockene Heide- und feuchte Streuwiesen wechseln sich auf den **Hardtwiesen** nördlich von Marnbach ab.

Brauchtum

Neben den Seefesten, die in vielen Uferorten alljährlich, meist mit Fischerstechen und Feuerwerk, im Sommer gefeiert werden, haben sich Festlichkeiten erhalten, die nach altem Brauch abgehalten werden. Weit über die Grenzen des Fünfseenlandes hinaus bekannt sind die König-Ludwig-Feiern in Berg zum Gedenken an Bayerns Märchenkönig Ludwig II. am 13. Juni (Todestag) und 25. August (Geburtstag). Alle fünf Jahre, Ende Juli, stehen in Starnberg Fischertanz und Fischerstechen auf dem Programm. Ebenfalls nur alle fünf Jahre wird in Tutzing am ersten Wochenende im Juli die Fischerhochzeit gefeiert. Das Fest der Grünsinker Wallfahrt findet am letzten Julisonntag und am Sonntag nach Maria Himmelfahrt (15. August) im Wald bei Weßling statt. Die Lichterprozession in Bernried fällt alljährlich auf Maria Himmelfahrt.

Fünfseenland — Ein Ziel zu jeder Jahreszeit

Vor den Toren Münchens und Augsburgs gelegen bietet das Fünfseenland einem Millionenpublikum an den Wochenenden vielfältig Gelegenheit zur Freizeitgestaltung. Neben diesen Naherholungsverkehr, der sich vor allem an den Sommerwochenenden auf bevorzugte Standorte konzentriert und dort gelegentlich Überlastungseffekte provoziert, tritt in zunehmendem Maße der länger übernachtende Fremdenverkehr. Eine Fahrt mit dem Schiff auf den beiden großen Seen, ein Badeaufenthalt in den großen Erholungsgebieten an den Seeufern, ein Besuch der Bierhochburg Andechs oder der Erdfunkstelle Raisting läßt sich immer gut mit einer Wanderung durch die reizvolle Moränenlandschaft des Fünfseenlandes verbinden.

Wer in die Vergangenheit zurückblicken möchte, findet am Wanderweg eine Fülle prähistorischer Plätze, die dem geschulten Auge nicht verborgen bleiben. Die Nekropole im Mauerner Wald, das Grabhügelfeld auf den Hannawiesen bei Herrsching und die Hügelgräber in unmittelbarer Nähe des Bahnhofs Mühltal geben Einblick in die bronze- und eisenzeitliche Besiedlung unseres Gebietes, ebenso wie die gut erhaltene Keltenschanze bei Achselschwang oder der noch heute erkennbare Verlauf der Römerstraßen bei Rothenfeld, Utting und Mühltal. Nicht weniger interessant die kaum noch sichtbaren Spuren einst hoch aufragender Burgen bei Dießen („Sconenburg") oder Mühltal („Karlsburg") als vergängliche Zeugen längst erloschener Herrschaftsansprüche. Wer dagegen einen Ausblick in die Zukunft wagen will, wähle den Weg zur Erdfunkstelle Raisting, um mit den hochempfindlichen „Ohren" der mächtigen Teleskope in den Weltraum zu lauschen.

Wer es aber gemütlich mag, gehe nicht an Kloster Andechs vorbei. Der Kunstfreund kommt hier ebenso auf seine Kosten wie der Liebhaber leiblicher Genüsse.

Quer durch das Fünfseenland läßt es sich auf König Ludwigs Spuren wandern. Dort, wo Bayerns Märchenkönig Ludwig II. vor Schloß Berg im Starnberger See ertrank und sich seine Getreuen heute noch alljährlich zu seinem Gedenken versammeln, beginnt einer der meistbegangenen Fernwanderwege des Voralpenlandes, der „König-Ludwig-Weg".

Badegelegenheit im Sommer bieten die Seeufer, die allerdings nicht überall betreten werden dürfen. Am Starnberger See stehen in Possenhofen, Ambach und Kempfenhausen eigens für die Bevölkerung der Ballungsgebiete geschaffene Erholungsgebiete zur Verfügung. Am Ammersee liegen diese begehrten Plätze bei Eching, im Rieder Wald bei Breitbrunn und bei Aidenried am Südufer. Oberndorf am Wörthsee und das Erholungsgebiet Pilsensee unterhalb von Widdersberg vervollständigen das Angebot an überörtlichen Erholungsflächen, daneben gibt es eine Vielzahl gemeindlicher Badeplätze. Auf dem Starnberger See und auf dem Ammersee verkehren von Ostern bis Allerheiligen Fahrgastschiffe im Linienverkehr, Rundfahrten sind möglich. Gesellschaftsfahrten und Tanzbootfahrten müssen gebucht werden.

(Bild S. 16/17: Am Starnberger See) 15

- ● Fremdenverkehrsverband, Verkehrsverein
- ── Straße ── Eisenbahn
- ② Lage der beschriebenen Wanderwege

Ortsbeschreibungen

Gde., Lkr. Starnberg, Einw.: 6750, Höhe 640 m, Postltz: D-8137. **Auskunft:** Gemeindeverwaltung. **Bahnstation:** Starnberg (5 km) (S-Bahn). **Schiffstation. Busverbindung:** nach Ambach, Starnberg und Wolfratshausen.

„Perg" = auf dem Berge gelegen wird 822 als „perke cum basilica" in Freisinger Urkunden genannt. Der untere Teil des Ortes wird vom Schloß, dem Sommersitz des prachtliebenden König Ludwig II., und dem Park eingenommen. Der obere Teil, auch Oberberg genannt, ist durch eine steil ansteigende Straße verbunden. 1886 wurde König Ludwig II. von Neuschwanstein nach Schloß Berg in Gewahrsam gebracht. Nach einem Abendspaziergang mit dem Arzt Dr. Gudden fand man beide ertrunken im See (13. Juni 1886). Ein Kreuz im See zeigt die Stelle, wo der König tot gefunden wurde. Berg ist der Geburtsort des Schriftstellers Oskar Maria Graf (1894). Der Komponist Max Reger weilte mehrere Sommer in Berg.

Das zur Gemeinde gehörige Aufkirchen wird als „Ufkiricha" erstmals 1017 in einer Schenkung an den Dom zu Bamberg erwähnt. Im 14. Jh. wird es dem Freisinger Amt Föhrung unterstellt und im 16. Jh. ist es bereits ein berühmter Wallfahrtsort. Im Kloster sind seit 1896 die Karmelitinnen eingezogen.

Sehenswert im Ort und im Gemeindegebiet
Kirche St. Johannes Bapt. Im Kern 12. Jh. Einfacher Raum im 17. Jh. ausgeziert. Vorzügliches Relief mit dem Tod Mariens (um 1500). — Schloß 1640 erbaut und 1851 neugot. umgebaut. — Votivkapelle im Park, dem Andenken König Ludwigs II. gewidmet, erbaut 1900. — Im Schloßpark und bei der Apotheke ein Gletscherschliff. — Südl. von Berg nach Aufkirchen ein Kreuzweg von 1856. **Allmannshausen.** Filialk. St. Valentin. 1651 unter Verwendung alter Bauteile neu erbaut. Hochaltar um 1480. — Schloß 1696 von Kasp. Feichtmayr für Ferd. Jos. Hörwarth erbaut. 1880 erfolgte ein Umbau. Südwestl. **Assenhausen** der 1898/99 erbaute Bismarkturm in vorzügl. landschaftlicher Situation. **Aufkirchen.** Pfarr- u. Wallfahrtsk. Mariä Himmelfahrt. Neubau 1500 geweiht. Nach Brand 1626 erneuert. Spätgot. Gnadenbild um 1500. Barocke Apostelfiguren von 1626. **Bachhausen.** Ehem. Schloß, das im 17. Jh. dem Grafen Ruepp gehörte und in dessen Armen 1632 Feldherr Tilly verstarb. — Bei **Biberkor** 80 bronzezeitliche Grabhügel. **Farchach.** Kapelle St. Martin u. Nikolaus. Barocker Bau, A. 18. Jh. errichtet. Hochaltar um 1700. **Haarkirchen.** Kapelle St. Peter u. Paul des abgerissenen Schlosses. **Kempfenhausen.** Ehem. Schloßkapelle St. Anna mit Ausmalung von Christian Wink von 1774 und Rokokoaltäre. — Schloß vom Maler Gabriel Mäleskircher 1487 erbaut, mit schönem Park. **Leoni** ist nach dem Kgl. Hofsänger Joseph Leoni benannt. Wohnort des Baurats Himbsel, der die Bahn München-Starnberg und die Schiffahrt auf dem See begründet hat. Vom ehem. Seehotel führte von 1896 — 1922 eine Seilbahn zur Rottmannshöhe (benannt nach dem Landschaftsmaler Karl Rottmann, gest. 1850). — Im **Manthal** ein großer Findling. **Mörlbach.** Ein Schloßbau wird noch auf einem Stich von Mich. Wening gezeigt. — Filialk. St. Stephan mit Ausstattung um 1500. Bedeutsam ist der Hochaltar (1520) aus dem Umkreis des Meisters von Rabenden. Wandmalerei im Chor um 1600.

BERNRIED

Gde., Lkr. Weilheim-Schongau, Einw.: 2000, Höhe 597 m, Postltz.: D-8139. **Auskunft:** Gemeindeverwaltung. **Bahnstation:** Bernried. **Schiffstation. Busverbindung:** nach Seeshaupt und Tutzing.

Das beschaulich ruhige Dorf wird in alten Urkunden als „Bärenried, Perenriet und Berenriet" genannt und zählt zu den ältesten Siedlungen am See. Graf Otto von Valley stiftete hier 1121 ein Doppelkloster, das bald nur mehr ein Augustinerchorherrenstift war, das bis 1803 bestand. Der Südflügel des Klosters wurde von Maximilian II. zu einem Schloß umgebaut. Es gehört heute dem Tutzinger Missionsbenediktinerinnen. In Bernried wirkte der Mönch Paulus Bernridiensis 1228 als Geschichtsschreiber. Hier starb auch die selige Herluka aus Epfach und ihre Gebeine ruhen in der 1662 erbauten Pfarrkirche. Der Maler Wilhelm Leibl arbeitete 1860 mit seinen Schülern Schuch und Trübner hier. Alljährlich am 15. August findet seit dem Mittelalter zu Ehren Mariens Himmelfahrt eine Lichterprozession statt.

Sehenswert im Ort und im Gemeindegebiet
Ehem. Klosterk., heute Pfarrk. St. Martin. Ab 1659 neu erbaut und im Innern ein Nachbild der St. Michaelskirche in München. Im 18. Jh. und 1921 verändert. Vorzügliche Altäre, u. a. der Sippenaltar E. 15. Jh. Kirchenfahnen aus der Rokokozeit. — Ehem. Pfarr- od. Hofmarkskirche Mariä Himmelfahrt, 1382 erbaut und 1689 barockisiert. In der Gruftkapelle eine gotische Pietà (E. 14. Jh.) auf dem Rokokoaltar von 1734. — Am Seeufer kleine Kapelle um 1800. **Höhenried.** Schloß, erbaut 1937/39. — Schloßpark mit altem Baumbestand, namentlich Buchen und Eichen.

FELDAFING

Gde., Lkr. Starnberg, Einw.: 4800, Höhe 646, Postltz.: D-8133. **Auskunft:** Gemeindeverwaltung. **Bahnstation:** Feldafing (S-Bahn).

Feldafing (früher Feldolfing) wird die „Perle am See" genannt. Eine erste Besiedlung erfolgte im 6. Jh. Häufige Nennung in Urkunden und Saalbüchern des 16. Jh. Besonders bekannt wurde der Ort durch die Kaiserin Elisabeth von Österreich, die von 1867 bis 1891 jeden Sommer hier verbrachte. Ein Denkmal der Kaiserin von Karl Wilfert steht im Garten des Hotels „Kaiserin Elisabeth". Die große Parkanlage, 1863 vom Hofgartendirektor Effner angelegt, hat einen Baumbestand, der in die Zeit König Max II. reicht. Er wollte damals gegenüber der Roseninsel ein Schloß erbauen. Seit 1926 befindet sich hier ein Golfplatz, der mit 18 Löchern zu den größten Bayerns zählt. Zum Gemeindegebiet gehört die Roseninsel (früher „Wörth"), die seit 1854 diesen Namen trägt, als König Max II. tausende von Rosen pflanzen ließ. Die Insel war bereits in der Jungsteinzeit besiedelt. Heute ist die Insel im Besitz des bayer. Staates und kann am Wochenende mit dem Boot besucht werden.

Sehenswert im Ort und im Gemeindegebiet
Ehem. Pfarrkirche St. Peter u. Paul, A. 15 Jh. (heute profaniert). — Pfarrk. Hl. Kreuz 1966 erbaut. — Ev. Johanniskirche von 1968. — Kalvarienberg (Teil des Gallerberges), errichtet 1864/88. — **Garatshausen.** Schloß mit 4 Ecktürmen aus dem 16. Jh. Seit 1952 Kreisaltersheim. **Wieling.** Nikolauskapelle, um 1700 erbaut, mit einheitl. Ausstattung um 1830.

IFFELDORF

Gde., Lkr. Weilheim-Schongau, Einw.: 1750, Höhe 603 m, Postltz.: D-8121. **Auskunft:** Gemeindeverwaltung. **Bahnstation:** Staltach (2 km). **Busverbindung:** nach Penzberg und Sindelsdorf.

Iffeldorf liegt am Südrand des Osterseegebiets. Moorseen die zu den wärmsten der Bundesrepublik zählen. Eine Toteislandschaft mit insgesamt 21 Seen. Die Becken der einzelnen Seen sind durch das Abschmelzen von isoliert liegengebliebenen Gletscherresten der Eiszeit entstanden, die von Erde hoch überdeckt sich lange erhalten konnten. Die Hofmark und das Schloß, das den Herren von Höhenkirchen und später dem Kloster Wessobrunn gehörte, wurde im 30jähr. Krieg zerstört.

Sehenswert im Ort und im Gemeindegebiet

Pfarrk. St. Vitus mit Wessobrunner Stuck und Rokokogestühl. Deckenbild 1755 von J. Zeiller. **Heuwinkl.** Wallfahrtskapelle St. Maria 1698 durch Joh. Schmuzer erbaut. Kleiner Zentralbau mit vorzüglicher Stuckdekoration.

MÜNSING

Gde., Lkr. Bad Tölz-Wolfratshausen, Einw.: 3200, Höhe 666 m, Postltz.: D-8193. **Auskunft:** Gemeindeverwaltung. **Bahnstation:** Wolfratshausen (6 km) (S-Bahn nach München). **Busverbindung:** nach Ambach, Ammerland, Starnberg und Wolfratshausen.

Auf dem Münsinger Höhenrücken liegt das schmucke Pfarrdorf Münsing, 740 als „Munigisinga" erwähnt. 1355 kam der Ort in den Besitz des Klosters Beuerberg. Ein großer Grabhügel südl. des Dorfes wurde 1958 entdeckt.

Sehenswert im Ort und im Gemeindegebiet

Pfarrk. Mariä Himmelfahrt mit stattl. Sattelturm. Um 1650 erbaut und 1920 stark überformt. Außen Grabstätte der Grafen Pocci und des Geographen Ratzel (1844 – 1904). — Fatimakapelle. **Ambach.** Schiffstation. — Kapelle von 1872. — Wohnhaus erbaut 1885 von Gabriel v. Seidl, ab 1921 im Besitz des Dichters Waldemar Bonsels † 1952 und im Garten beigesetzt. — Gasthof Fischmeister, stattl. Gebäude von 1850. **Ammerland.** Das Barockschlößchen (Privatbesitz) mit zwei Kuppeltürmchen. M. 17. Jh. erbaut, kam 1843 an den Dichter, Zeichner und Komponisten Graf Franz v. Pocci, der hier bis 1876 lebte. **Degerndorf.** Pfarrk. St. Michael. Spätmittelalterl. Bau 1702 erneuert. — Bauernhäuser aus dem 18. Jh. **Holzhausen a. Starnberger See.** Kirche St. Johannes Bapt. auf aussichtsreichem Hügel, erbaut 1420, in der 2. H. 17. Jh. in schöner Form erneuert. St. Georg im Aufsatz des Hochaltars von 1670. Großes Kruzifix von 1597 und Kreuzwegbilder um 1800. — Bei der tausendjährigen Linde herrliches Alpenpanorama und Blick über den See. — **Sankt Heinrich.** Wallfahrtsk. St. Maria, erbaut 1324 und 1480 erneuert. Bestehender Bau im wesentlichen 17. u. 18. Jh., 1902 durch Blitzschlag schwer beschädigt. Got. Gnadenbild 16. Jh., Hochgrab des sel. Heinrich um 1625. **Weipertshausen.** Kapelle St. Kolomann mit Ausstattung um 1860.

PÖCKING

Gde., Lkr. Starnberg, Einw.: 5350, Höhe 672 m, Postltz.: D-8134. **Auskunft:** Gemeindeverwaltung. **Bahnstation:** Possenhofen (1 km) (S-Bahn). **Schiffstation:** Possenhofen. **Busverbindung:** nach Herrsching und Starnberg.

Der Name weist hin auf einen bajuwarischen Freien „becco"; E. 12. Jh. schenkte Pfalzgraf Friedrich 1 Hof in Possenhofen — vom Personennamen pozzo — an das Kloster Schäftlarn. Funde von der nahen Roseninsel deuten darauf hin, daß gegen Ende der Steinzeit der Mensch hier vordrang. Aus der La-Tène-Zeit stammen in Pöcking die Kelten-Gräber und auf römische Spuren ist man in und um Pöcking gestoßen. Niederpöcking entstand 1865, als dort Münchner Bürger Villen bauten. Pöcking wurde im Dreißigjährigen Krieg mehrmals heimgesucht.

Sehenswert im Ort und im Gemeindegebiet
Ehem. Pfarrk. St. Ulrich mit Turm von 1680. Grabstätten der Herren von Schloß Possenhofen. Pfarrk. St. Pius von 1958. — Ev. Heiliggeistk. von 1967. **Aschering.** Filialk. St. Sebastian aus dem 13. Jh. (ältester Bau der Umgebung). Verändert M. 18. Jh. mit reicher Ausmalung. Gewölbefresko 1768 von Joh. Baader. — Guterhaltenes Ortsbild. **Maising.** Filialk. St. Bartholomäus. 19. Jh. Die „Mühle von Maising" war gern besuchter Aufenthalt berühmter Persönlichkeiten, so der Kaiserin von Österreich Sissi, ihrer Schwester Sophie, des Malers Defregger, des Tenors Franz Nachbauer und des Sängerehepaares Heinrich und Therese Vogl. **Niederpöcking.** Villenkolonie gegr. 1856. Hier starb 1871 der Maler Moritz v. Schwind. **Possenhofen.** Schloß 1536 erbaut. Umbau seit 1980. An der Westseite Kapelle M. 19. Jh., durch Daniel Ohlmüller errichtet. Das Schloß, 1834 von Herzog Maximilian erworben, war Lieblingssitz der Kaiserin Elisabeth von Österreich. Der alte Park ist heute z. T. Erholungsgelände der Stadt München.

SEESHAUPT

Gde., Lkr. Weilheim-Schongau, Einw.: 2500, Höhe 595 m, Postltz.: D-8124. **Auskunft:** Gemeindeamt Seeshaupt. **Bahnstation:** Seeshaupt. **Schiffstation. Busverbindung:** nach Tutzing und Weilheim i. OB.

Kurz vor der Jahrhundertwende wurde Seeshaupt als Ferien- und Erholungsort entdeckt, und zwar durch den bekannten Münchner Professor Pettenkofer, der hier später seinen Alterssitz nahm. Seeshaupt ist 1815 durch eine Feuersbrunst fast völlig eingeäschert worden, kann aber auf eine tausendjährige Geschichte zurückblicken.

Sehenswert im Ort und im Gemeindegebiet
Pfarrk. St. Michael, in 3 Abschnitten erbaut. Im Mittelalter die Annakapelle, vorderer Teil 1487 und der hintere, größere Teil 1909 dazugebaut. Neubarocke Ausstattung. **Jenhausen.** Filialk. St. Maria mit Deckenbildern von 1732. Spätgot. Schnitzgruppe im Hochaltar. **Magnetsried.** Kirche St. Margareth, um 1720 erbaut. Eindrucksvolle Kopie des Pollinger Kreuzes.

STARNBERG

Stadt, Lkr. Starnberg, Einw.: 18 000, Höhe 584 — 684 m, Postltz.: D-8130. **Auskunft:** Fremdenverkehrsverband. **Bahnstation:** Starnberg (S-Bahn). **Schiffstation. Busverbindung:** nach Herrsching, Hohenschäftlarn, Leutstetten, Maising-Hadorf, Söcking, Wangen, Weßling und Wolfratshausen.

Die Stadt hieß früher Starenberg. Das Stadtwappen, der schwarze Star auf einem grünen Dreiberg, ist das vereinfachte Wappen der „Starnberger", die 1244 urkundlich erwähnt werden als Herren von Starnberch castrum. Am Ufer des Sees stand damals schon jahrhundertelang ein Fischerdorf, das im 9. Jh. Aheim genannt wurde. Nordöstl. vom Schloß entstand die Siedlung Niderstarnberg.

Starnberg

Sehenswert in der Stadt und im Gemeindegebiet

In beherrschender Lage auf dem Schloßberg die alte Pfarrk. St. Josef. Erbaut 1764/66 nach Plänen des kurfürstl. Hofmaurermeisters Leonh. Matth. Gießl. Einschiffig breites Langhaus. Fresko in der Chorkuppel von Christ. Wink, 1766. Hochaltar und Kanzel um 1766/68 vom bedeutendsten bayer. Rokokobildhauer Fr. Ignaz Günther. Hugo Schnell schreibt: Ein harmonisch abgeklärter Raum, der den besten Traditionen der Barock- und Rokoko-Architektur entwachsen ist und sich dem frühen Klassizismus zuwendet. — Neue Pfarrk. St. Maria, erbaut 1932/33 von Michael Kurz. — Ev. Friedenskirche von 1891. — Weithin sichtbar auf steilem Hügel das Schloß. 1541 erfolgte der Abbruch einer mittelalterl. Burg und es entstand der heutige Bau. In den früheren Jahrhunderten wurden hier prunkvolle Feste gefeiert. Von den schönen Grünanlagen bietet sich ein herrlicher Blick auf den See und das Gebirge. — Städt. Heimatmuseum (Würmgau-Museum) im sog. Lochmannhaus. Ehem. Fischerhaus aus dem 16./17. Jh. **Buchhof.** Gutsanlage des 19./20. Jh. mit Wohnhaus des Münchener Architekten Georg Hauberisser. **Hadorf.** Filialk. St. Johannes Bapt. Spätmittelalterl., mit barockem Umbau. — An der Straße nach Unering barockes Kapellchen mit schönem Gitter. **Hanfeld.** Filialk. St. Michael. Chorturmk. z. T. 14. Jh. mit Erweiterung von 1674. — Streicherhof mit Fresken und Spruch im Giebelfeld, erinnernd an die Hunneneinfälle im 10. Jh. — Die Kirche von **Landstetten** ist ein kleiner Zentralbau von 1768 mit Vesperbild von 1660. **Leutstetten.** Kirche St. Alto mit besonders hervorragender Ausstattung. Stuck um 1700 und Deckenfresko von 1789. Am linken Seitenaltar Darstellung des Pfingstwunders aus dem Umkreis des Erasmus Grasser. Unterm rechten Annaaltar ein 1963 aufgedeckter Römerstein. — Das Schloß (Privatbesitz) wurde 1565 von Hans Urmiller (dessen Großvater, Hofkämmerer des Bayernherzogs Wilhelm IV., auf den 50-Markscheinen prangt) erbaut. Das Baumaterial stammt von der nahe gelegenen Ruine Karlsburg. 1875 erwarb der bayer. Prinz Ludwig das Schloß, der spätere, letzte König von Bayern, Ludwig III. und Kronprinz Rupprecht verbrachten hier ihre letzten Lebensjahre. — Der Ausleger am Gasthaus findet sich auf dem Gemälde „Die Hochzeitsreise" von Moritz v. Schwind. — Von der Karlsburg sind nur noch Reste der Grundmauern zu sehen. Zur Keltenzeit war der Platz bereits befestigt, die Römer hatten hier einen Signalturm. Im Mittelalter entstand hier eine Burg, die seit dem 11. Jh. wittelsbachisch war, wurde aber schon zwischen 1113 und 1115 im Streit der Herzöge Rudolf und Ludwig (dem späteren Kaiser Ludwig der Bayer) zerstört. — Westl. des Bahnhofs Mühlthal am Weg nach Hausen zahlreiche Hügelgräber aus der Bronzezeit. **Percha.** Filialk. St. Valentin, 15. Jh. mit neugot. Ausstattung. Sakramentshaus 15. Jh., Glasfenster von 1493. — Pfarrk. St. Christopherus. Zentralbau von 1958/59. **Perchting.** Pfarrk. Mariä Heimsuchung mit Stuck vermutl. von Tassilo Zöpf. Fresko 1774 von Joh. Baader. Kreuzweg (Hinterglasbilder) um 1800. **Petersbrunn.** 1513 hatte Herzog Wilhelm IV. ein Bad begründet, von dem nur noch die Kapelle von 1738 besteht. — Im Gut **Rieden** Kapelle St. Peter mit Choraltar von 1669. — Auf dem Friedhof Grabstätten der bourbonischen Verwandtschaft der Wittelsbacher. **Schorn.** Gutskapelle St. Maria von 1759. **Söcking.** Ehem. Pfarrk. St. Stephan mit neurom. Einrichtung. — Pfarrk. St. Ulrich, erbaut 1958 mit 12,5 m hoher Altarwand aus Pollinger Tuffstein von Prof. Brenninger. — Mausoleum des Prinzen Karl v. Bayern (Bruder König Ludwigs I.). Neurom. Rundbau von 1850, (schöner Aussichtspunkt). — Franz v. Lenbach (1836 – 1904) lebte längere Zeit in seiner hier erbauten Villa. **Wangen.** Kirche St. Ulrich mit Hochaltar um 1740.

TUTZING

Gde., Lkr. Starnberg, Einw.: 9050, Höhe 588 m, Postltz.: D-8132. **Auskunft:** Verkehrsamt. **Bahnstation:** Tutzing. **Schiffstation. Busverbindung:** nach Seeshaupt und Weilheim i. OB.

Der mehr als 1200 Jahre alte Fischerort am Westufer des Starnberger Sees hat sich im Laufe der Zeit zu einem vielbesuchten Ferien- und Badeort entwickelt. In einem prächtigen, sich zum Seeufer hinziehenden Park liegt das Tutzinger Schloß. Hier werden die Tagungen der evang. Akademie abgehalten. Vom See aus steigt das Gelände stufenförmig an. Hier entstand die moderne Gartenstadt. Alle 5 Jahre (1990) findet am 1. Wochenende im Juli die Tutzinger Fischerhochzeit statt. Der Johanneshügel (südl.) gewährt einen umfassenden Blick auf den See und die Alpenkette.

Sehenswert im Ort und im Gemeindegebiet

Ehem. Pfarrkirche St. Peter u. Paul. Spätgot. und 1738/39 umgebaut. — Neue doppeltürmige Pfarrkirche St. Joseph 1928/29 erbaut, mit dem schönsten Geläute am Starnberger See. — Ev. Christuskirche 1929/30 erbaut und 1971 erweitert. — Schloß 1803/16 vom letzten Hofmarksherrn aus älteren Beständen umgebaut. — Niederebersdorfer (Nordböhmen) Heimat- und Archivstuben. — Im neuen Friedhof Grabstätten u. a. des Ehepaars Ludendorff, des Malers Leo v. König und der Pianistin Elly Ney. — Johannes Brahms Gedenkstein. **Diemendorf.** Kirche St. Margareth mit spätmittelalterl. Sattelturm. Chor und Schiff barock, wohl von Jos. Schmuzer. — Gußeisern weißblau bemaltes Ortsschild um 1880 in der Dorfmitte. **Kampberg.** Kapelle U. L. Frau. **Monatshausen.** Kapelle St. Martin um 1700 erbaut mit altem Ziegelpflaster. **Oberzeismering.** Kapelle St. Nikolaus. Spätmittelalterl. Bau mit erhaltenem Ossuarium (Beinhaus). — Auf der Ilka-Höhe (728 m) verfallenes Mausoleum der Fürstin Ilka v. Wrede, geb. Gräfin v. Vieregg. **Traubing.** Barocke Pfarrk. Mariä Geburt mit Madonna um 1500 im Hochaltar. Wertvolle Kanzel um 1700. — Westl. auf der Höhe mehrere Grabhügel. **Unterzeismering.** Kapelle St. Maria, 19. Jh. mit Marienkrönung um 1500. — Bemalter Kloiberhof.

Wanderungen im Gebiet des Starnberger Sees

① **Wanderung:** Rund um den Starnberger See

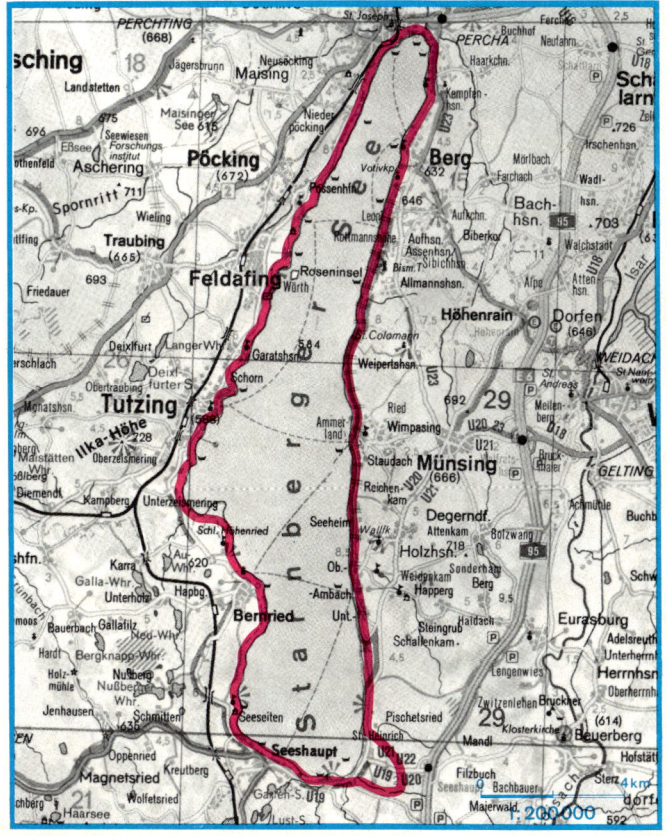

Starnberg 587	Berg 640	Ammerland 590	Ambach 587	Seeshaupt 595	Bernried 597	Tutzing 587	Starnberg 587

Ausgangspunkt: S-Bahnhof Starnberg
Parken: am S-Bahnhof in Starnberg
Höhenunterschied: 30 m
Wanderzeit: 12 Std.

Schwierigkeitsgrad: leicht, wegen der Weglänge nur für geübte Wanderer geeignet
Einkehr: in allen Uferorten

Tourenverlauf: Der Starnberger-See-Rundweg wurde vom Landkreis Starnberg durchgehend als Kreiswanderweg Nr. 1 auf großen gelben Pfeilen markiert. Eine Orientierung ist ohnehin einfach, da dieser Weg fast ausnahmslos nahe am Seeufer verläuft. Im Verlauf der Ostuferstraße muß sich der Wanderer den Verkehrsraum mit dem Autofahrer teilen, doch ist der motorisierte Verkehr nur Anliegern vorbehalten und obendrein in der Geschwindigkeit beschränkt. Ab Buchscharrn südlich des Erholungsgeländes Ambach verläßt der markierte Wanderweg die Ostuferstraße, da hier der allgemeine Autoverkehr einmündet, und entfernt sich bis zu 1 km vom See, bevor er bei Marz am Südende des Sees wieder das Ufer erreicht. Ab Schloß Seeseiten, wo sich 1872 — 76 der bayerische Minister von der Pfordten ein Domizil im Palladiostil errichten ließ, wird kaum noch eine verkehrsreiche Fahrstraße berührt. Im Bernrieder „Nationalpark" (gestiftet von einer betuchten Deutschamerikanerin) spendet uralter Baumbestand Schatten. Parkartige Anlagen werden auch bei den Schlössern Höhenried, Tutzing und Possenhofen durchwandert, bevor beim Erholungsgebiet Possenhofen das Seeufer wiederum verlassen wird, da ab hier die verkehrsreiche Westuferstraße den schmalen Uferstreifen voll beansprucht. Auf Ortsstraßen geht es durch Niederpöcking und Starnberg zurück zur S-Bahn.

② Wanderung: Starnberg — Maisinger See — Aschering — Jägersbrunn — Maising — Starnberg

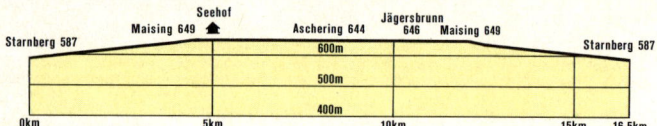

Ausgangspunkt: S-Bahnhof Starnberg
Parken: am S-Bahnhof
Höhenunterschied: 50 m
Wanderzeit: 5 Std.

Schwierigkeitsgrad: leicht
Einkehr: Seehof am Maisinger See, Gasthaus Ludwig in Maising

Tourenverlauf: Vom S-Bahnhof Starnberg bis zur großen Kurve der Straße nach Söcking gehen wir auf Ortsstraßen, dann biegen wir links ab (Maisinger-Schlucht-Straße) zur Maisinger Schlucht und erreichen bald hinter Maising, wo Reste römischer Bauwerke gefunden wurden, den gleichnamigen See, dessen Oberfläche nur noch 23 ha mißt. Fast das ganze 3 km lange Ufer darf aus ökologischen Gründen nicht betreten werden. Der Wanderweg hält sich daher in respektvollem Abstand zum See. Nach einer Rast in Aschering geht es nordwärts durchs Auwinger Moos nach Jägersbrunn. An der Wegkreuzung hinter der Ortschaft halten wir uns recht. Am Maibaum in Maising gehen wir nördlich und durchqueren wieder die Schlucht, doch diesmal auf dem Hochweg am nordseitigen Hang. Gleich hinter der Umgehungsstraße, die über die Maisinger Schlucht führt, müssen wir rechts bleiben, um den kürzesten Weg zum S-Bahnhof Starnberg zu wählen.

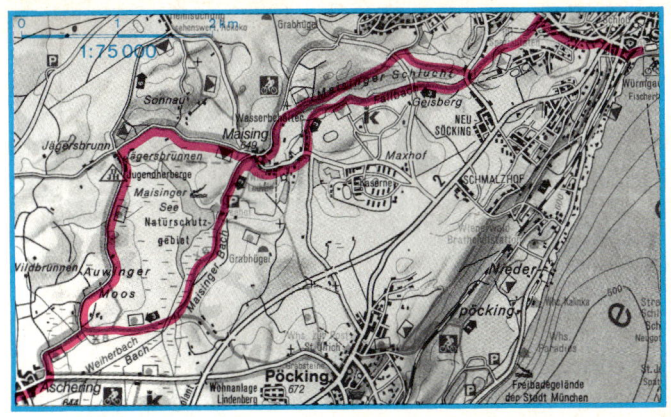

3 **Wanderung:** Starnberg — Maisinger Schlucht — Maisinger See
— Aschering — Andechs — Herrsching

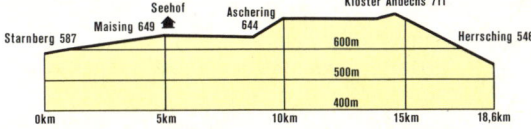

Ausgangspunkt: S-Bahnhof Starnberg
Parken: Diese Tour ist nur bedingt für Autofahrer geeignet, da bis Starnberg u. ab Herrsching die S-Bahn benutzt werden muß.
Höhenunterschied: 100 m

Wanderzeit: 5 Std.
Schwierigkeitsgrad: leicht
Einkehr: Ludwig in Maising, Seehof am Maisinger See, Klosterbräustüberl und Klostergasthof in Andechs, Gasthöfe in Herrsching

Im Kiental

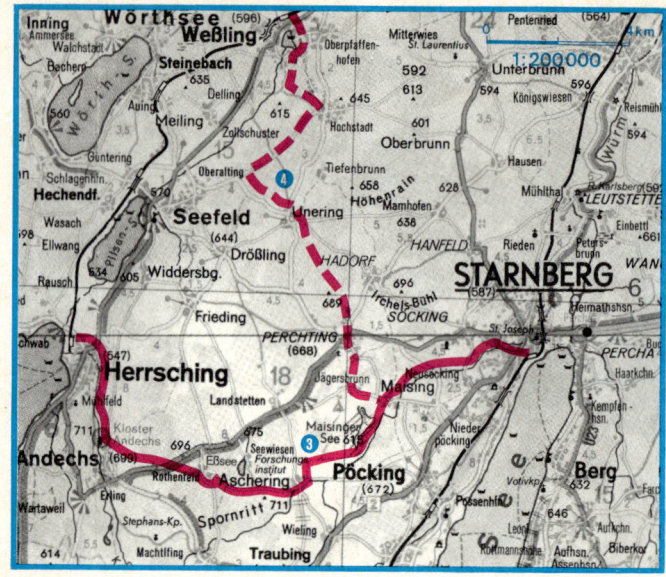

Tourenverlauf: Bei dieser Wanderung folgen wir von Starnberg bis Andechs dem mit Nr. 3 auf einem gelben Kreuz vom Landkreis Starnberg markierten Kreiswanderweg, von Andechs bis Herrsching dem Kreiswanderweg Nr. 2. Gleichlaufend ist diese Tour mit dem gekrönten „K", dem Symbol für den „König-Ludwig-Weg", markiert, der sich als Seeroute von Herrsching bis Dießen fortsetzt. Vom S-Bahnhof Starnberg geht es auf Ortsstraßen bis zum Straßenanstieg (große Kurve) nach Söcking. Hier zweigt der Wanderweg (Maisinger-Schlucht-Straße) in die Maisinger Schlucht ab. Bald ist der Maisinger See erreicht. Der unter Naturschutz stehende, 23 ha große See ist nur auf 100 m seines fast 3 km langen Ufers frei zugänglich. In Sichtweite von Kloster Andechs benutzen wir den Kreuzweg hinauf zur Klosterkirche und zum Bräustüberl. Für den Weiterweg durchs Kiental wählen wir den trittsicheren Weg über die ehemalige Klostermühle, nicht den Weg entlang der Klostermauer, da hier für Unachtsame Absturzgefahr besteht. Von Herrsching treten wir die Heimfahrt mit der S-Bahn an.

4 Wanderung: Starnberg – Maising – Perchting – Unering – Krontal – Hochstadt – Weßling

Ausgangspunkt: S-Bahnhof Starnberg
Parken: Diese Tour ist für Autofahrer nur bedingt geeignet, da bis Starnberg und ab Weßling die S-Bahn benutzt werden muß.
Höhenunterschied: 90 m
Wanderzeit: 5 Std.

Schwierigkeitsgrad: leicht
Einkehr: Gasthof Ludwig in Maising, Seehof am Maisinger See, Wöll in Perchting, Schreyegg in Unering, Schuster in Hochstadt, mehrere Gasthöfe in Weßling

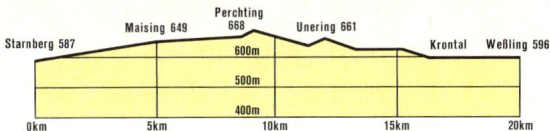

Tourenverlauf: Diese Halbtagestour verläuft von Starnberg bis Maising auf dem markierten Kreiswanderweg Nr. 3 (auf gelbem Pfeil), von Maising bis Weßling auf dem Kreiswanderweg Nr. 6 (Krontal-Weg). Auf Ortsstraßen geht es vom S-Bahnhof in Starnberg in Richtung Söcking. Am Fuß der ansteigenden Straßenkurve biegt links (Maisinger-Schlucht-Straße) der gesuchte Wanderweg (Nr. 3) zur Maisinger Schlucht und zum Maisinger See ab. In Perchting betreten wir uralten Kulturboden. Auf der Flur „Egenlaich" ist eine Hügelgräbergruppe erkennbar, etwa 1 km östlich des Ortes liegen Hügelgräber der Hallstattzeit mit römischen Nachbegräbnissen. Der am Südausgang durchziehende Feldweg ist eine Römerstraße. Bei Unering, unserer nächsten Station, wurde in einem bronzezeitlichen Hügelgrab ein wertvolles Bronzebeil gefunden. Auf Höhe der Betriebsanlagen von Espe biegen wir rechts in den Toerringschen Wildpark ein und durchwandern das reizvolle Krontal. Vor Hochstadt halten wir uns links und wandern am Beginn der Eichenallee rechts zum Weßlinger See. Von dort sind es nur wenige Meter bis zur S-Bahn.

Am Starnberger See

⑤ Wanderung: Oberzeismering − Ilkahöhe − Monatshausen − Maistättenweiher − Rößlberg − Diemendorf − Oberzeismering

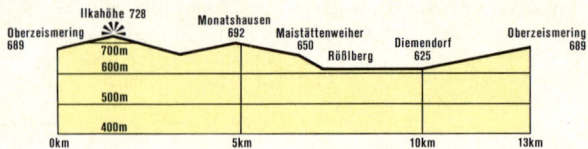

Ausgangspunkt: Oberzeismering
Parken: Parkplatz unterhalb der Ilkahöhe
Höhenunterschied: 130 m
Wanderzeit: 3 1/2 Std.

Schwierigkeitsgrad: leicht
Einkehr: Forsthaus Ilkahöhe, Gasthaus Geiger in Diemendorf

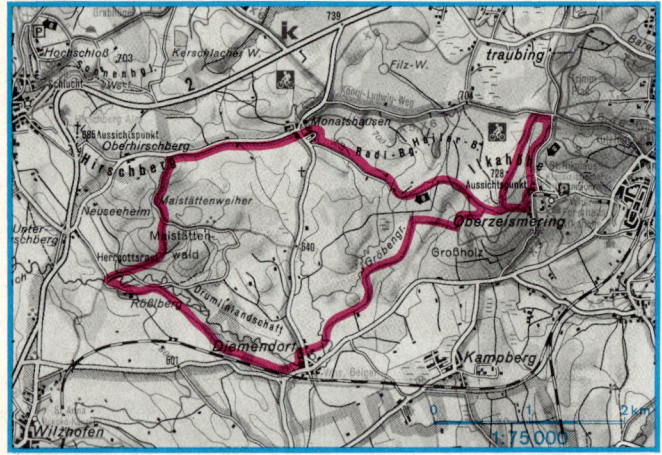

Tourenverlauf: Der schönste Blick auf Starnberger See und Gebirge bietet sich von der Ilkahöhe, benannt nach der Gräfin Ilka von Wrede, wenn man die Aussichtshöhe über den Höhenweg von Norden her erwandert. Vom Parkplatz in Oberzeismering erreichbar über eine schattige Lindenallee, die in nördlicher Richtung zur verkehrsarmen Fahrstraße Tutzing−Monatshausen führt. Hinter dem Aussichtspunkt steigen wir zum Weiher ab und folgen dem markierten Wanderweg (Nr. 8, X3) nach Monatshausen. Hinter dem Ort geht es, vorbei an einem Hügelgräberfeld, gut einen Kilometer auf dem Fahrsträßchen westwärts, bevor wir vor dem Hirschberg links zum Maistättenweiher einbiegen. Sein 700 m langes Ufer darf aus ökologischen Gründen nicht betreten werden. Am Weiher folgen wir nicht dem Forstweg, sondern steigen südwärts (rechts) ab zum Kinschbachgrund. An einer Brücke wenden wir uns links zum Schlößchen Rößlberg. Zuvor passieren wir eine mitten in der Wiese (rechts) stehende Steinsäule (1483), die Hans von Hesseloher, den „letzten Minnesänger", vor einer Kreuzigung kniend

zeigt. Am Rößlberg stand einst ein Vorgängerschloß, das 1388 eingeäschert wurde und in dessen Nachfolgebau der Pähler Pflegrichter
Hans von Hesseloher residierte. Auf dem Höhenweg (geradeaus, nicht
rechts am Gut vorbei) dann weiter nach Diemendorf und am dortigen
Trafohäuschen nordöstlich aus dem Dorf heraus über Wiesen und Felder zum Wald. Nach einer großen Lichtung ein Stück ostwärts durch
den Wald und dann links hinauf zur Ilkahöhe und zurück zum Auto.

6 **Wanderung:** Perchting − Jägersbrunn − Landstetten − Hadorf
− Perchting

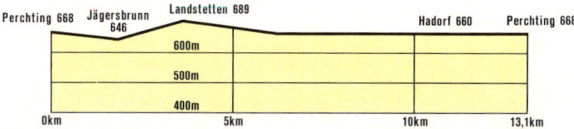

Ausgangspunkt: Perchting
Parken: auf Dorfstraßen
Höhenunterschied: 50 m
Wanderzeit: 5 Std.

Schwierigkeitsgrad: leicht
Einkehr: Gasthaus Wöll in Perchting,
Gasthaus Wagner in Hadorf

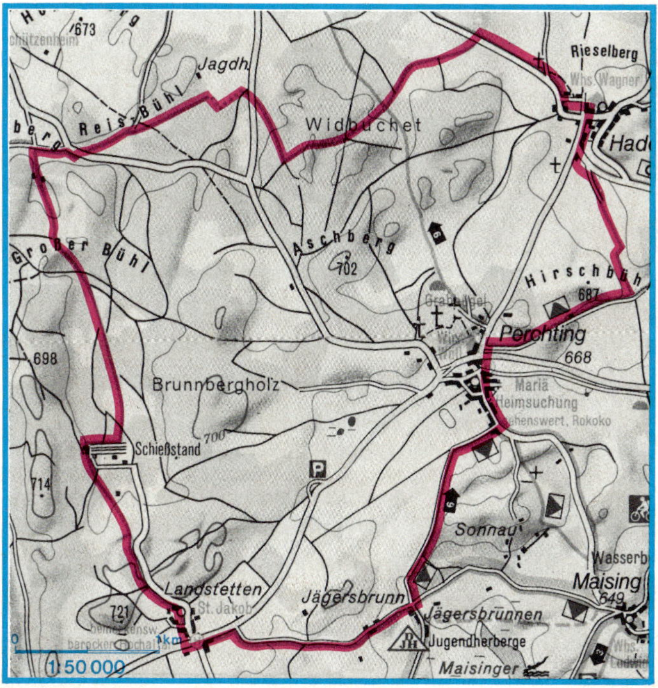

Tourenverlauf: Am südlichen Ortsausgang von Perchting biegen wir rechts ein auf den Kreiswanderweg 6 nach Jägersbrunn. Dort wiederum rechts über freie Fläche nach Landstetten. Wir gehen durch den schmucken Ort nach Norden und verlassen den Weg zum Schießstand, um das Sperrgebiet links zu umwandern. Hinter dem Schießstand halten wir uns streng nordwärts, wandern über den Großen Bühl und genießen bald eine herrliche Aussicht auf Drößling und Frieding. Am Waldaustritt nehmen wir den Feldweg rechts, bleiben ein kurzes Stück rechts auf der Autostraße, um gleich linkerhand in die Waldwiese einzubiegen. An deren Ende heißt es aufgepaßt: geradeaus überqueren wir die folgende Lichtung, der linke Weg an der Gabelung führt nach Unering. Wir aber wandern am Waldende am Wiesenrand entlang zur Straße, die wir queren, um uns danach im anschließenden Waldgebiet etwas südlich (rechts) zu halten. Nach einigen hundert Metern knickt der Weg rechtwinklig ab und führt geradewegs zur Autostraße, die kaum befahren ist, so daß wir darauf bequem (rechts) nach Hadorf wandern können. Hadorf verlassen wir am südlichen Ortsrand auf dem Fahrweg nach Söcking, um bald rechts zur Kuppe des Hirschbühls einzubiegen, den wir ostseitig umwandern. Wir stoßen auf einen Feldweg, der uns (rechts) nach Perchting zum Auto bringt.

 Wanderung: Feldafing − Insel Wörth (Roseninsel) − Feldafing

Ausgangspunkt: S-Bahnhof Feldafing
Parken: am S-Bahnhof
Höhenunterschied: 60 m
Wanderzeit: 1 1/2 Std.
Schwierigkeitsgrad: leicht
Einkehr: Gasthöfe in Feldafing

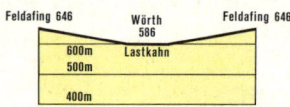

Überfahrt mit der Plätte zur Roseninsel

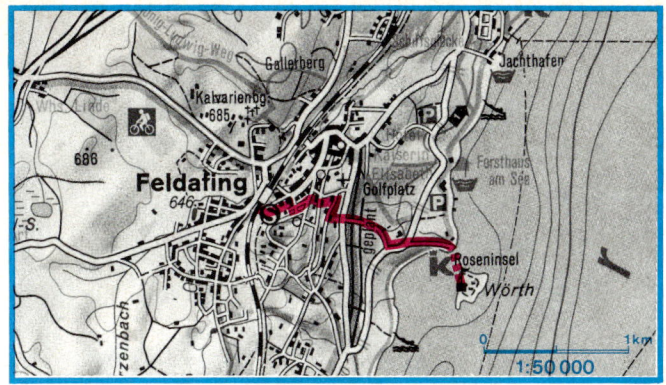

Tourenverlauf: Diese Kurzwanderung gilt allein der geschichtsträchtigen Insel Wörth im Starnberger See. Vom S-Bahnhof Feldafing steigen wir auf Ortsstraßen hinab zum See und lassen uns mit einer Plätte, einem nachgebauten Lastkahn, übersetzen. Diese idyllische Überfahrt ist allerdings nur bei schönem Wetter samstags von 14 — 18 Uhr und sonntags von 10 — 17 Uhr möglich. Sieben Schautafeln berichten auf der Insel von deren Vergangenheit. Vom Ende der jüngeren Steinzeit bis zur Latènezeit war die Insel immer wieder besiedelt. Von 15 v. Chr. bis etwa 450 n. Chr. siedelten auch die Römer hier. Umstritten ist noch, ob die im Seegrund gefundenen Baumstämme Reste einer Pfahlbausiedlung oder eines Verbindungsstegs zum Festland sind. König Maximilian II. von Bayern ließ hier ein Schloß im pompejanischen Stil errichten, in dem sich Bayerns Märchenkönig Ludwig II. gern mit Elisabeth von Österreich („Sissi") traf. Die Rosenzucht aus dieser Zeit gab der Insel den heutigen Namen „Roseninsel". Durch den Landschaftspark mit altem Baumbestand am Ufer, heute weitgehend als Golfplatz benutzt, gehen wir nach der Überfahrt zurück zur S-Bahn.

8 **Wanderung:** Tutzing — Deixlfurter See — Filzsee — Monatshausen — Ilkahöhe — Unterzeismering — Tutzing

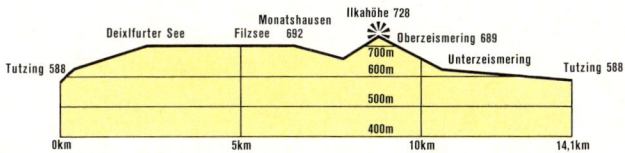

Ausgangspunkt: S-Bahnhof Tutzing
Parken: am S-Bahnhof
Höhenunterschied: 140 m
Wanderzeit: 4 Std.

Schwierigkeitsgrad: leicht
Einkehr: Forsthaus Ilkahöhe, Gasthöfe in Unterzeismering und Tutzing

Tourenverlauf: Bei dieser Wanderung folgen wir ausschließlich der Wegemarkierung X3. — Vom S-Bahnhof in Tutzing gehen wir nordwärts bis zum Pfaffenberg und biegen dort links zum Deixlfurter See ein. Sein Ufer ist nicht frei zugänglich. Am nordwestlichen Hang des benachbarten Deutenbergs, nur 200 m vom westlichen Seeufer entfernt, liegen Grundmauern eines römischen Gutshofes. Hinter der Streusiedlung von Obertraubing betreten wir ein geschlossenes Waldgebiet, in das eingebettet eine ökologische Seltenheit, der Filzsee, liegt. Dieser gut erhaltene Moorsee zeigt eine deutliche Trennung zwischen Hochmoorvegetation im Süden und Niedermoorvegetation im Norden. Hinter Monatshausen steigen wir langsam zur Ilkahöhe auf und genießen bei klarer Sicht den Blick über den Starnberger See zum Gebirge. Bei Unterzeismering erreichen wir den Starnberger See und wandern an seinem Ufer nordwärts zurück zum Ausgangsort Tutzing.

9 **Wanderung:** Berg — Leoni — Possenhofen — Feldafing — Aschering — Andechs — Pähl — Raisting

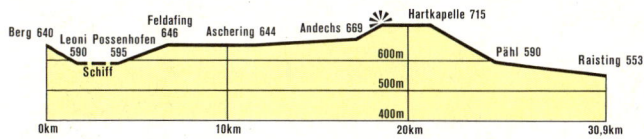

Ausgangspunkt: Votivkapelle in Berg
Parken: auf Parkplätzen in Seenähe (Rückfahrt mit öffentlichen Verkehrsmitteln nur bedingt möglich)
Höhenunterschied: 150 m

Wanderzeit: 7 St. (im Fünfseenland)
Schwierigkeitsgrad: leicht
Einkehr: Gasthöfe in Berg, Leoni, Possenhofen, Feldafing, Andechs, Pähl und Raisting

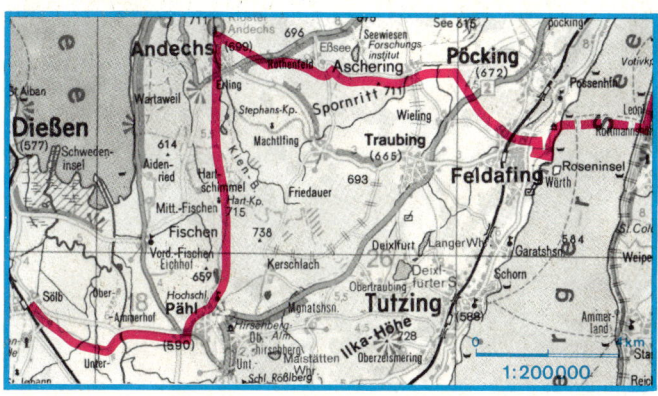

Tourenverlauf: Dieser Tourenvorschlag eignet sich nur für Fernwanderer, die den mit einem gekrönten „K" markierten König-Ludwig-Weg von Anfang (Berg) bis Ende (Füssen) erwandern wollen. Von der Votivkapelle in Berg gehen wir wenige hundert Meter südlich zur Schiffstation Leoni und setzen mit dem Schiff nach Possenhofen über. Bis auf Höhe der Roseninsel gehen wir am Ufer entlang nach Feldafing, durchqueren den Ort hangwärts und treten am Kalvarienberg wieder in die freie Landschaft. Bis Andechs ist es noch ein gutes Stück Weg, auch der Höhenweg nach Pähl erfordert einen kräftigen Schritt. Die Aussicht weit übers Voralpenland entschädigt für manche Mühsal. In Pähl lohnt ein Abstecher in die tiefeingeschnittene Schlucht. Dann wird bis Raisting das Verlandungsgebiet des einst bis Polling reichenden Ammersees durchquert. Vor uns die weißleuchtenden Teleskope der Erdfunkstelle Raisting. Auf dem Schwemmkegel der Rott südlich des Ortes kreuzten sich einst die Römerstraßen Bregenz—Gauting und Garmisch-Augsburg. Hinter Raisting wird es geruhsamer. Auf dem Bergsporn, der durch Rott und Michelsbach gebildet wird, stand einst die Mönburg, die Burg der Herren von Raisting. Die Erinnerung daran hat sich im Flurnamen Schloßberg erhalten.

Votivkapelle in Berg

Votivkapelle in Berg

⑩ Wanderung: Mühltal — Rieden — Leutstetten — Karlsberg — Mühltal

Ausgangspunkt: S-Bahnhof Mühltal
Parken: am S-Bahnhof Mühltal
Höhenunterschied: 80 m
Wanderzeit: 2 Std.

Schwierigkeitsgrad: leicht
Einkehr: Schloßgaststätte in Leustetten,
Forsthaus Mühltal, Gasthof Obermühltal

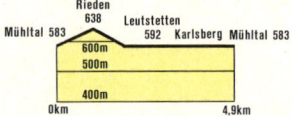

Tourenverlauf: Diese Kurztour ist eine Wanderung in die Vergangenheit des Mühltals. Ungefähr 200 m nordwestlich vom S-Bahnhof Mühltal stoßen wir in der Waldabteilung Herrgottsruh auf eine große Zahl von Grabhügeln mit Bestattungen der Bronze- und Hallstattzeit. Parallel zu unserem Wanderweg nach Rieden verläuft abseits des Weges ein immer wieder gut erkennbarer römischer Straßendamm. Im Weiler biegen wir links zum Schönberg ab, einer bewaldeten Endmoränenkuppe mit Waldmeister-Buchenwaldbestand. Ab Petersbrunn wandern wir nordwärts am Niedermoor des Leutstettener Mooses, dem Stamm-

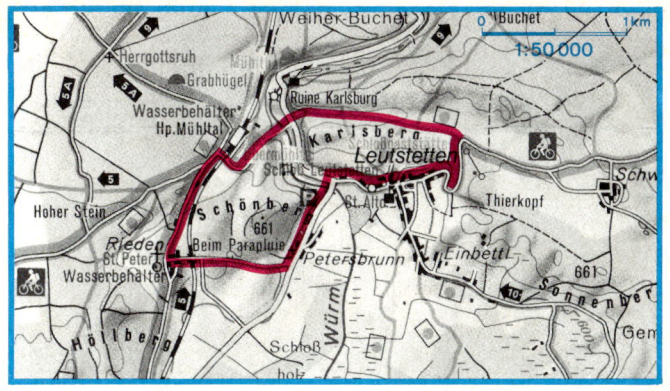

becken des ehemaligen Starnberger Sees, entlang. An der Brücke über die Würm gehen wir rechts zum königlichen Dorf Leutstetten. Beachtenswert das Wirtshausschild an der Schloßgaststätte. Ab hier folgen wir dem mit einem roten Punkt markierten Weg hinauf zum Karlsberg. Auf einem heute bewaldeten Plateau stand einst die Karlsburg (1180 erstmals erwähnt), die neben vielen anderen Orten die Geburtsstätte Karls des Großen gewesen sein soll. Um die noch gut erkennbare Umwallung finden sich im Gelände große Aushübe, wohl Standorte der mächtigen Befestigungstürme mit dem Haupttor. Die Burg wurde um 1315 zerstört, aus ihren Steinen errichtete man um 1565 Schloß Leutstetten. Von der einstigen Festungsanlage am Würmdurchbruch findet man heute nur noch einzelne Steintrümmer im Waldboden. An der Würm, die hier den Endmoränenwall durchbrochen hat, gehen wir zurück und hinauf zum S-Bahnhof.

⑪ Wanderung: Starnberg — Mühltal — Hanfeld — Hochstadt — Weßling

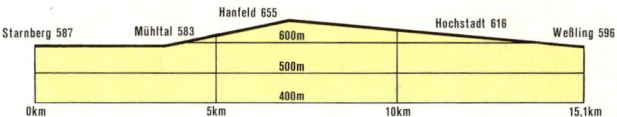

Ausgangspunkt: S-Bahnhof Starnberg
Parken: Die Tour ist für Autofahrer nur bedingt geeignet, da bis Starnberg und ab Weßling die S-Bahn benutzt werden muß.
Höhenunterschied: 30 m

Wanderzeit: 4 Std.
Schwierigkeitsgrad: leicht
Einkehr: Gasthof Obermühltal in Mühltal, Weber in Hanfeld, Schuster in Hochstadt, mehrere Gasthöfe in Weßling

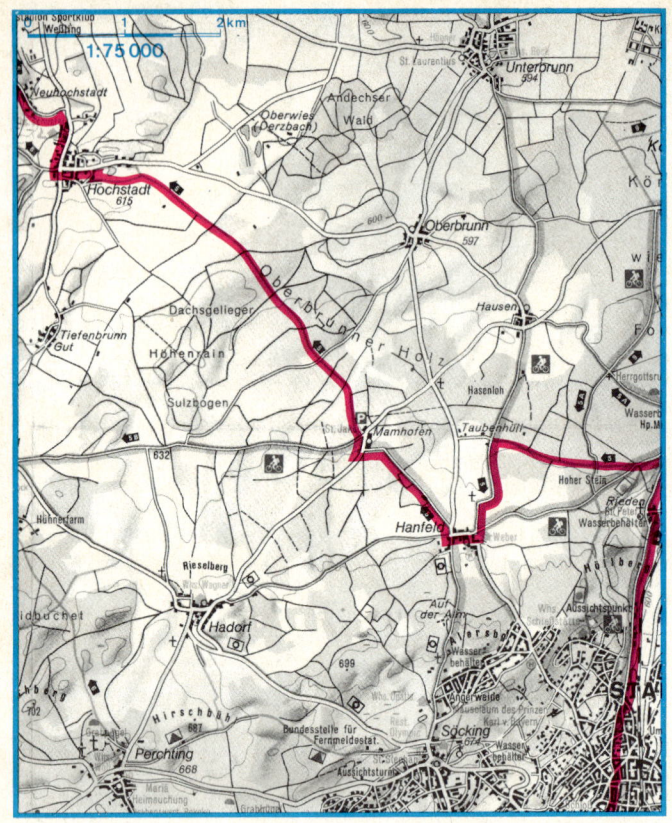

Tourenverlauf: Im Verlauf dieser Wanderung folgen wir dem mit Nr. 5 auf gelbem Pfeil markierten Kreiswanderweg. Starnberg verlassen wir dabei nach Norden über den Riedener Weg. Oberhalb des Würmdurchbruchs durch den Endmoränenwall bei Mühltal zieht ein Gräberfeld aus der Bronze- und Hallstattzeit unser Aufmerksamkeit auf sich. Es liegt ungefähr 200 m nordwestlich vom S-Bahnhaltepunkt Mühltal in der Waldabteilung Herrgottsruh. Nicht weit davon entfernt verläuft ein gut erkennbarer römischer Straßendamm in südwestlicher Richtung. Über Taubenhüll gelangen wir nach Hanfeld. Das idyllisch gelegene Mamhofen macht den Eindruck eines vergessenen Dorfes. Vergessen auch das in seiner Nähe gelegene Grabhügelfeld. Waldreich ist der Weiterweg durch das Oberbrunner Holz. Hinter Hochstadt hebt sich bereits der Toteiskessel des Weßlinger Sees deutlich aus der Landschaft heraus. Von Weßling bringt uns die S-Bahn heim.

⑫ Wanderung: Mühltal — Leutstetten — Wildmoos — Haarkirchen — Aufkirchen — Leoni (— Starnberg)

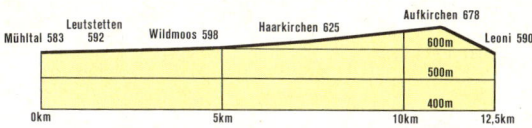

Mühltal 583　Leutstetten 592　Wildmoos 598　Haarkirchen 625　Aufkirchen 678　Leoni 590

600m
500m
400m

0km　　5km　　10km　12,5km

Ausgangspunkt: S-Bahnhof Mühltal
Parken: am S-Bahnhof Mühltal
Höhenunterschied: 100 m
Wanderzeit: 4 1/2 Std.

Schwierigkeitsgrad: leicht, im Wildmoos stellenweise morastig
Einkehr: Schloßgaststätte in Leutstetten, Manthal, Jägerstüberl in Farchach, Post in Aufkirchen, Gasthöfe in Leoni und Starnberg

Tourenverlauf: Zwischen Leutstetten und Aufkirchen verläuft diese Tour auf dem mit Nr. 10 auf gelbem Pfeil markierten Kreiswanderweg des Landkreises Starnberg. Vom S-Bahnhof Mühltal steigen wir ab zum Würmdurchbruch und gehen flußaufwärts zum königlichen Dorf Leutstetten. Den Zugang zum Wildmoos finden wir auf der Flur Einbettl, wo ein Brandgräberfeld aus der mittleren römischen Kaiserzeit freigelegt wurde; man vermutet hier eine römische Kultstätte, auch sollen dort altgermanische Gottheiten verehrt worden sein. Mit dem Niedermoor des Wildmooses betreten wir einen verlandeten Teil des Stammbeckens des Starnberger Sees. Bei Buchdorf unterqueren wir die Autobahn und wandern über den Moränenrücken südlich. Die Wegmarkierung Nr. 10 auf gelbem Pfeil hilft uns, problemlos den Weg nach Aufkirchen zu finden. Von dort steigen wir geradewegs (Nr. 1 C) nach Leoni zum Seeufer ab. Das Linienschiff bringt uns nach Starnberg und die S-Bahn heim.

Auf dem Starnberger See

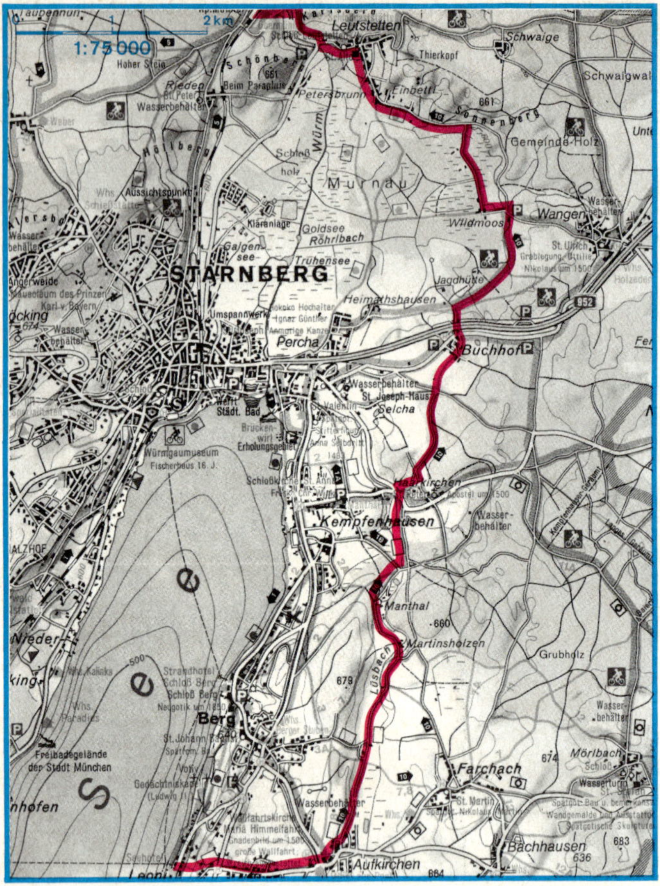

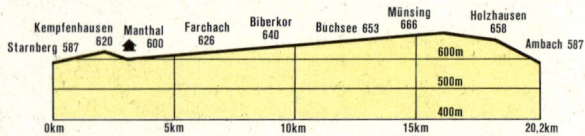

⑬ Wanderung: Starnberg — Manthal — Farchach — Buchsee — Münsing — Ambach (— Starnberg)

Ausgangspunkt: S-Bahnhof Starnberg
Parken: am S-Bahnhof Starnberg oder am Erholungsgebiet Kempfenhausen
Höhenunterschied: 100 m
Wanderzeit: 7 Std.

Schwierigkeitsgrad: leicht
Einkehr: Manthal, Jägerstüberl in Farchach, Gasthaus Egginger in Bachhausen, am Buchsee, Gasthäuser in Münsing und Holzhausen, Fischmeister in Ambach

40

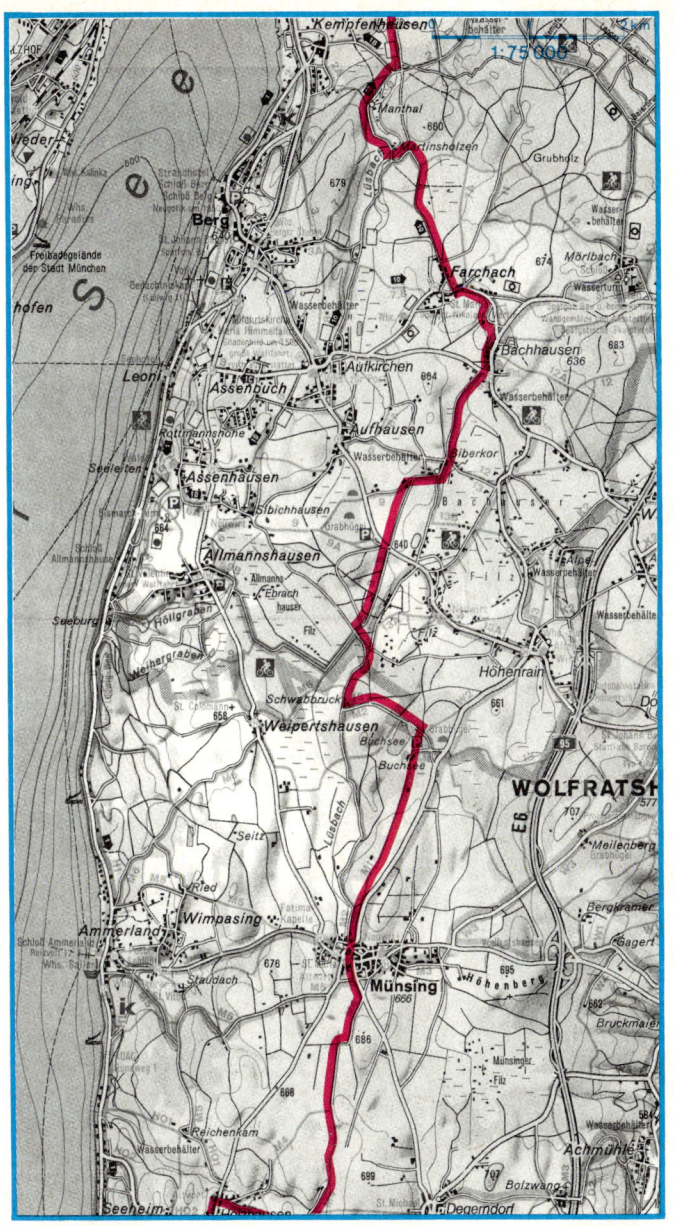

Tourenverlauf: Vom S-Bahnhof geht es in östlicher Richtung an Bootswerften vorbei über zwei hölzerne Klappbrücken zum Hallenbad. Dahinter öffnet sich eine weite Badewiese. Auf Höhe des Erholungsgebietes Kempfenhausen wird der Seeuferweg verlassen, die Straße nach Berg überquert und bergan vor den ersten Häusern von Kempfenhausen nach links abgebogen. Dem Wegweiser nach Manthal, einem Sägewerk mit Einkehr, folgend bleibt am Wegkreuz nach Haarkirchen ein kleiner Weiher linkerhand zurück. Das ruhige Tal des Lüßbachs begleitet uns bis auf Höhe von Farchach. Über die baumlose Hochfläche erreichen wir Farchach, Bachhausen und Biberkor. Die weitgeöffneten schmiedeeisernen Tore zum Klosteranwesen dürfen passiert werden. Schnurgerade zieht sich danach ein Feld-, dann ein Forstweg, zeitweise begleitet von Reitwegen, nach Süden. Von der Einöde Schwabbruck ist es nicht mehr weit bis zum Buchsee, wo ein schattiger Biergarten unter Linden und eine sonnige Liegewiese direkt am See (Baden nur auf eigene Gefahr!) zum Verweilen einladen. Gleich an der Lindengruppe führt der Weg weiter nach Münsing. Imposant steht bei Föhn der Turm der Dorfkirche vor den konturenscharfen Bergen. Südlich von Münsing verliert sich der direkte Fußweg nach Holzhausen in den Wiesen, so daß wir den Umweg (H 4) über Attenkam wählen. Bei dem auf einem Drumlin thronenden Kirchlein „St. Johann Baptist und Georg" in Holzhausen wird eine kleine Rast zur Pflicht, bevor es die Straße hinunter zum See geht. Von Ambach bringt uns das Linienschiff gegen 16 Uhr zum Ausgangsort zurück.

Erdfunkstelle Raisting

⓮ Wanderung: Berg — Ammerland — Seeshaupt — Bernried — Tutzing — Ilkahöhe — Kerschlach — Pähl — Raisting

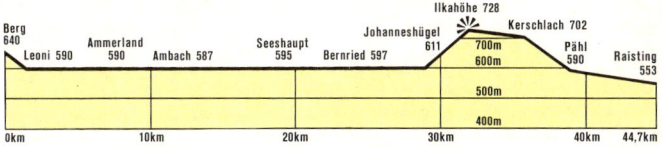

Berg 640
Leoni 590
Ammerland 590
Ambach 587
Seeshaupt 595
Bernried 597
Johanneshügel 611
Ilkahöhe 728
Kerschlach 702
Pähl 590
Raisting 553

700m
600m
500m
400m

0km   10km   20km   30km   40km   44,7km

Ausgangspunkt: Votivkapelle in Berg
Parken: auf Parkplätzen in Seenähe
Höhenunterschied: 150 m
Wanderzeit: 12 Std. (im Fünfseenland)

Schwierigkeitsgrad: leicht (wegen der Weglänge nur geübten Wanderern zu empfehlen)
Einkehr: in allen größeren Orten am Weg, außerdem Forsthaus Ilkahöhe

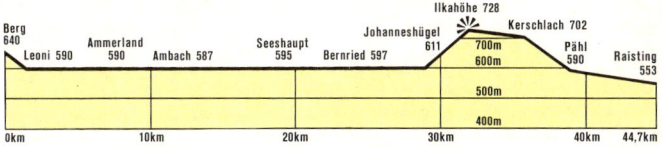

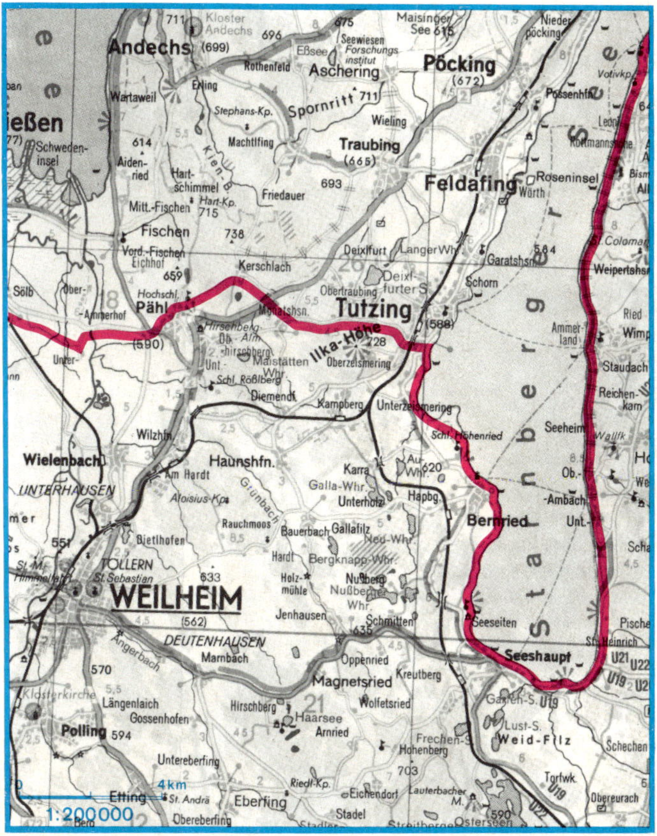

Tourenverlauf: Als Variante des König-Ludwig-Wegs verläuft dieser Weg als Tagestour durch das Fünfseenland. Für die gesamte Strecke bis zu den Königsschlössern bei Füssen werden gut zwei Tage benötigt. Ab Votivkapelle in Berg folgen wir dem gekrönten „K" als Wegemarkierung am Ufer des Starnberger Sees entlang nach Süden. In Seeshaupt wenden wir uns nordwärts, bleiben aber weiterhin am Seeufer. Am Johanneshügel südlich von Tutzing verlassen wir den See und steigen hinauf zur Ilkahöhe auf dem Moränenrücken. Weit schweift von hier unser Blick über den königlichen See bis zum Gebirge. Vor Monatshausen halten wir uns wenige Meter auf der Straße rechts, bis wir bald links wieder auf einen geruhsamen Waldweg treffen. Vorsicht bei der Überquerung der Bundesstraße 2! Gleich hinter der Schnellstraße begleitet uns eine Kastanienallee zum Klostergut Kerschlach. Bevor wir Pähl, die einstige Hauptstadt der keltischen Belaunen, betreten, genießen wir den Blick über das Verlandungsgebiet des Ammersees zum Hohenpeißenberg. In Pähl lohnt ein Abstecher in die nahe Schlucht. Bei Raisting, unserer nächsten Station, ziehen uns die Riesenteleskope der Erdfunkstelle in ihren Bann. Auf geteertem Wirtschaftsweg geht es bis Unterstillern weiter. Kurz vorher zeigt der Schloßberg, ein Bergsporn im Winkel zwischen Rott und Michelbach, an, daß hier einst ein befestigter Herrschaftssitz stand, nämlich die Mönburg der Herren von Raisting. Hinter dem Weiler Unterstillern verlassen wir das Fünfseenland und nähern uns dem uralten Kulturboden von Wessobrunn.

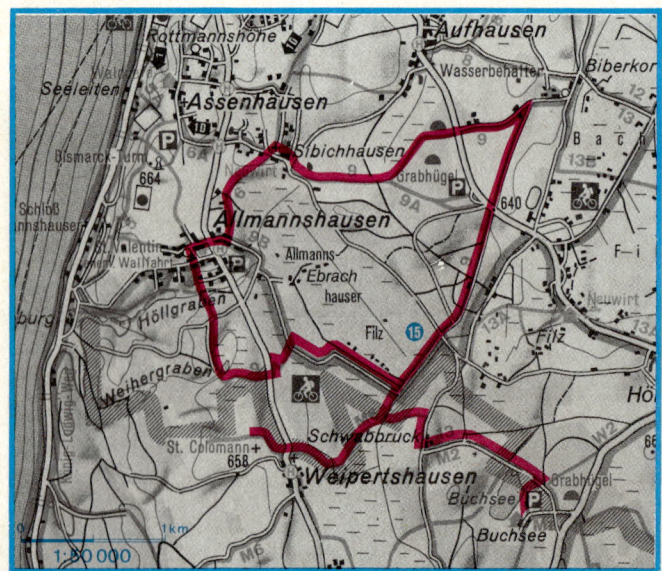

⓯ Wanderung: Allmannshausen — St. Kolomann — Buchsee — Biberkor — Sibichhausen — Allmannshausen

Ausgangspunkt: Allmannshausen
Parken: im Ortsbereich von Allmannshausen
Höhenunterschied: 40 m
Wanderzeit: 3 Std.
Schwierigkeitsgrad: leicht
Einkehr: Gasthaus Buchsee, Neuwirt in Sibichhausen

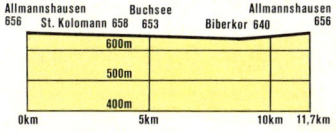

Tourenverlauf: Bei dieser naturkundlichen Wanderung folgen wir auf der Hauptstrecke der Wegemarkierung Nr. 9, die Nebenstrecken nach St. Kolomann sind mit M6 und zum Buchsee mit M2 markiert. — Allmannshausen verlassen wir südlich über den Höllgraben und wandern durch das Hochmoor des Allmannhauser Filzes mit seinen Spirkenbeständen. Ein Leckerbissen für Naturkundler der südexponierte Halbtrockenrasen auf einem von der Kapelle St. Kolomann gekrönten Drumlin bei Weipertshausen. Lohnenswert auch ein Abstecher zum Toteiskessel des Buchsees. Am Nordufer des 5 ha großen Sees, dessen Ufer zur Hälfte frei zugänglich ist, wachsen Seerosen. Eine ruhige Liegewiese lädt zum Verweilen ein, Baden ist nur auf eigene Gefahr erlaubt. Der interessierte Hobbyarchäologe findet am Waldrand 300 m nordöstlich des Einödhofes Buchsee eine eindrucksvolle Gruppe von Hügelgräbern, weitere 700 m südwestlich und 500 m südlich. Teile eines Wagens aus der Eisenzeit wurden hier ausgegraben. Wir gehen zurück bis zu der Stelle, wo wir unsere Abstecher nach St. Kolomann und zum Buchsee begonnen haben. Auf dem Weiterweg nach Biberkor liegt zur Rechten das Bachhauser Filz, das Becken des längst ausgelaufenen Bachhauser Sees. Aus Moorfunden schließt man, daß hier einst Pfahlbausiedlungen standen. Kurz vor Biberkor wechseln wir die Richtung und wandern geradewegs auf den Starnberger See zu. Auf der Flur Biberkor-Holz und Sibichhauser Holz stoßen wir wieder auf eine Hügelgräbergruppe. Hier wurde in 1 m Tiefe beim Steinbrechen ein Vollgriffschwert gefunden. In der Dorfmitte von Sibichhausen zweigt links ein direkter Fußweg zum Ausgangsort ab.

⓰ Wanderung: Kempfenhausen — Mörlbach — Bachhausen — Aufhausen — Rottmannshöhe — Bismarckturm — Leoni — Berg — Kempfenhausen

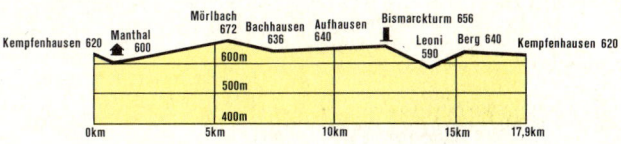

Ausgangspunkt: Kempfenhausen, an der Straße nach Manthal
Parken: im Ortsbereich Kempfenhausen
Höhenunterschied: 100 m

Wanderzeit: 4 — 4 1/2 Std.
Schwierigkeitsgrad: leicht
Einkehr: Manthal

45

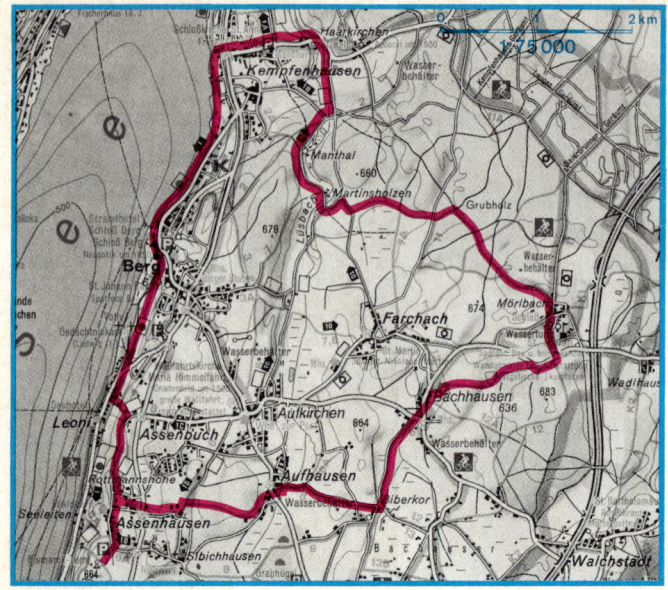

Tourenverlauf: Oberhalb der Ostuferstraße stellen wir das Auto im Ortsbereich von Kempfenhausen ab und schlagen den Weg über die Fahrstraße zur Säge Manthal ein. An der Abzweigung nach Haarkirchen bleiben wir auf dem geradeaus verlaufenden geteerten Wirtschaftsweg. Am Waldrand dann rechts ins Tal des Lüßbachs. Im Grund bleibt der Weiler Manthal zurück und Martinsholzen liegt vor uns. Hinter dem Weiler halten wir uns links und wandern nun geradewegs nach Osten über eine Hochfläche mit freiem Blick zum Gebirge. Am Waldrand entlang führt Weg Nr. 7, den wir jenseits der Fahrstraße gegen Weg Nr. 12 tauschen, und durch den Wald nach Mörlbach gelangen. Bald nach dem südlichen Ortsausgang bringt uns die Autostraße zum nach links verlaufenden Wanderweg nach Bachhausen. Auf dem Weg dorthin passieren wir rechterhand einen Weiher und linkerhand ein Hügelgräberfeld. Den langezogenen Feldweg nach Biberkor verlassen wir vor dem Klosteranwesen in westlicher Richtung. In Aufhausen gehen wir etwa 100 m links auf der Autostraße und biegen beim Konvent rechts ein, dann nochmals rechts beim Gehöft am Ortsausgang. Über Wiesen verliert sich der Weg gelegentlich, doch gelangen wir bald nach Assenhausen, von wo sich Abstecher zum südlich gelegenen Bismarckturm (1899) mit seiner herrlichen Aussicht oder zur Rottmannshöhe anbieten. Zwischen Leoni und Rottmannshöhe verkehrte früher eine Seilbahn, heute steigen wir zu Fuß zum See hinab. Am Seeufer geht's dann an der Gedächtniskapelle für König Ludwig II. (Votivkapelle) vorbei über Berg zurück zum Ausgangspunkt.

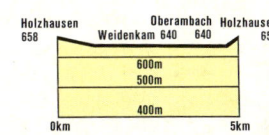

Bismarckturm

⑰ Wanderung: Holzhausen — Weidenkam — Oberambach —
Holzhausen

Ausgangspunkt: Holzhausen am Starnber-
ger See
Parken: im Ortsbereich von Holzhausen
Höhenunterschied: 60 m
Wanderzeit: 2 Std.
Schwierigkeitsgrad: leicht
Einkehr: Hubers Fischküche in Ambach, Alt-
wirt und Neuwirt in Holzhausen

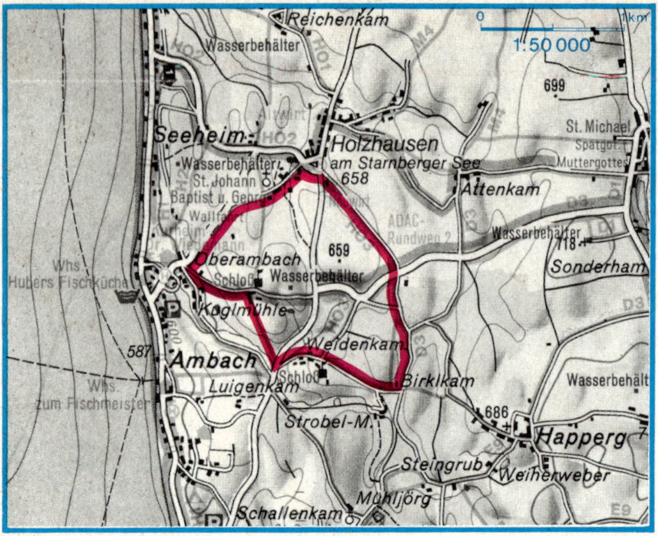

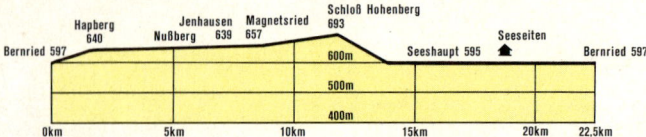

Tourenverlauf: Bei dieser Wanderung über den Moränenrücken oberhalb des Starnberger Sees berühren wir zwei Schlösser und eine Wallfahrtskirche. Wir halten uns dabei streng an die Wegemarkierung H2. — Am südlichen Ortsausgang von Holzhausen nehmen wir beim Neuwirt den Wirtschaftsweg, der links von der Hauptstraße abbiegt. Auf ihm wandern wir anfangs über freies Gelände, dann durch Wald nach Birklkam. Dort halten wir uns scharf rechts und stehen bald vor Schloß Weidenkam. Bergab stoßen wir wieder auf die Autostraße. Zwischen ihr und der zum See herabführenden Fahrstraße führt ein Fußweg nach Schloß Oberambach. Wir gehen links, verlieren an Höhe, um dann gleich wieder bergwärts auf der breiten Teerstraße den Moränenrücken zu ersteigen. Droben thront auf einem Drumlin die Wallfahrtskirche St. Johann Baptist und Georg. An ihrer Mauer ist gut rasten unter alten Bäumen. Hinter der Kirche geht es auf Treppen zurück zum Auto.

18 Wanderung: Bernried — Jenhausen — Magnetsried — Schloß Hohenberg — Seeshaupt — Bernried

Ausgangspunkt: Bernried
Parken: im Ortsbereich von Bernried
Höhenunterschied: 60 m
Wanderzeit: 5 Std.

Schwierigkeitsgrad: leicht
Einkehr: Gasthof Ressl in Jenhausen, Zur Quelle in Magnetsried, Schloßgaststätte Hohenberg, Gasthöfe in Seeshaupt

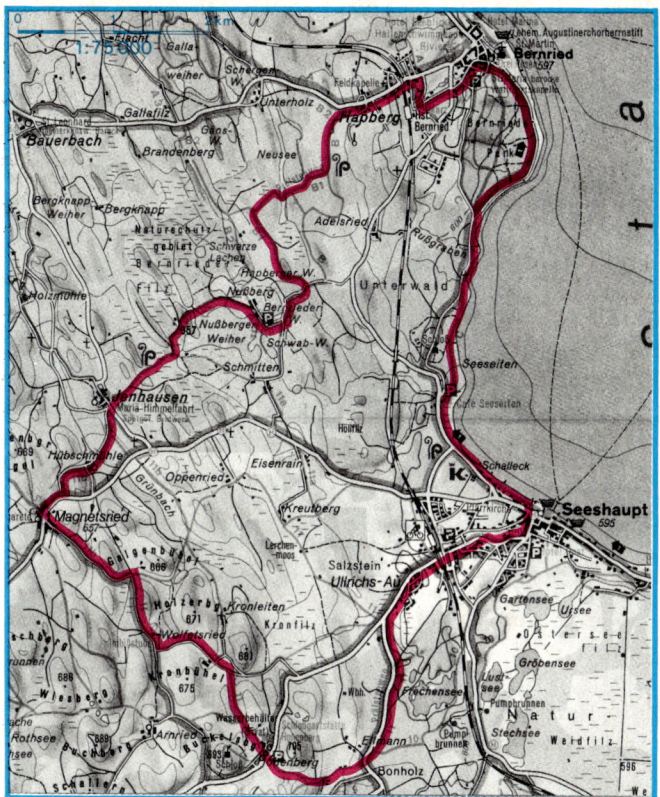

Tourenverlauf: Diese Tour verläuft auf dem „Prälatenweg" und ist mit einem Krummstab markiert. Nur ab Magnetsried bis hinter Hohenberg muß der Wegekennzeichnung Nr. 11 gefolgt werden. — Von Bernried aus ersteigen wir den Moränenrücken und biegen hinter Hapberg zum Neusee ein, dessen gesamtes Ufer aus ökologischen Gründen nicht betreten werden darf. Bald stehen wir inmitten einer ausgedehnten Weiherlandschaft. Der größte von ihnen, der Nußberger Weiher, bietet uns immer wieder einmal Gelegenheit, sein Ufer zu betreten. Im anschließenden Naturschutzgebiet Bernrieder Filz dagegen heißt es unbedingt auf den vorgezeichneten Wegen zu bleiben, denn der Boden hier ist tiefgründig. Hinter Jenhausen steigen wir zur Hübschmühle ab und verlassen bei Magnetsried den Prälatenweg. Bis Hohenberg begleitet uns (Weg Nr. 11) eine Kette scharf voneinander abgesetzter Drumlins. Bei Ellmann stoßen wir wieder auf den mit einem Krummstab markierten Prälatenweg. Ab Seeshaupt geht es am Ufer des Starnberger Sees zurück zum Ausgangsort Bernried.

Im Bernrieder Filz

19 Wanderung: Rund um den Großen Ostersee

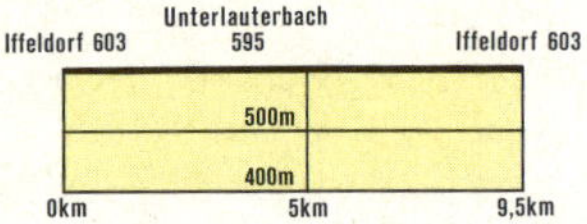

Ausgangspunkt: Iffeldorf
Parken: auf Parkplätzen am See
Höhenunterschied: 20 m
Wanderzeit: 2 1/2 Std.
Schwierigkeitsgrad: leicht
Einkehr: keine

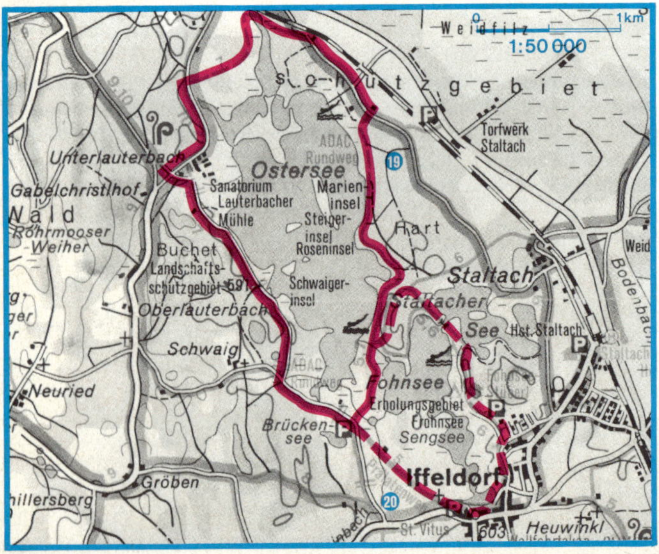

Iffeldorf 603	Unterlauterbach 595	Iffeldorf 603
	500m	
	400m	
0km	5km	9,5km

Tourenverlauf: Der Rundwanderweg um den Großen Ostersee ist durchgehend mit Nr. 7 markiert und schlängelt sich oftmals nur als Pfad am Ufer entlang. Allerdings sind nur 500 m des fast 9 km langen Ufers frei zugänglich. Trotzdem lohnt es sich, diese eindrucksvolle Toteislandschaft aus allernächster Nähe zu betrachten. Der 134 ha große Ostersee setzt unterhalb seines Wasserspiegels die Oberflächenformen seiner Umgebung fort, gut erkennbar an den Seichtwasserflächen um die relativ zahlreichen Inseln. Das gastronomische Angebot der am Weg liegenden Lauterbacher Mühle ist nur Sanatoriumsgästen vorbehalten. Für die südlich davon verlaufende Fahrstraße gilt Fahrverbot, so daß diese Wanderung zu einem (fast) vom Autoverkehr ungestörten Wandererlebnis wird.

 Wanderung: Rund um den Fohnsee

Ausgangspunkt: Iffeldorf
Parken: am westlichen Ortsrand
Höhenunterschied: 20 m
Wanderzeit: 1 1/2 Std.
Schwierigkeitsgrad: leicht
Einkehr: Fohnseestüberl

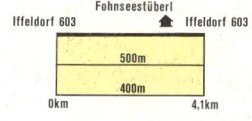

Tourenverlauf: Mit seinen 22 ha Oberfläche ist der Fohnsee der zweitgrößte Ostersee. Drei Viertel seiner Uferlänge ist aus ökologischen Gründen nicht betretbar, doch schlängelt sich ein gut begehbarer Wanderweg immer in Ufernähe um den See (Markierung: Nr. 5). Der Zusammenfluß von Staltacher See und Fohnsee wird auf einer Holzbrücke überwunden. Südlich davon bietet ein öffentliches Erholungsgebiet Bademöglichkeiten. Der sich nach Süden anschließende Sengsee wird privat genutzt, sein Ufer ist nur im Ortsbereich von Iffeldorf zugänglich. Ein Abstecher zur Heuwinkl-Kapelle ist zu empfehlen.

An den Osterseen

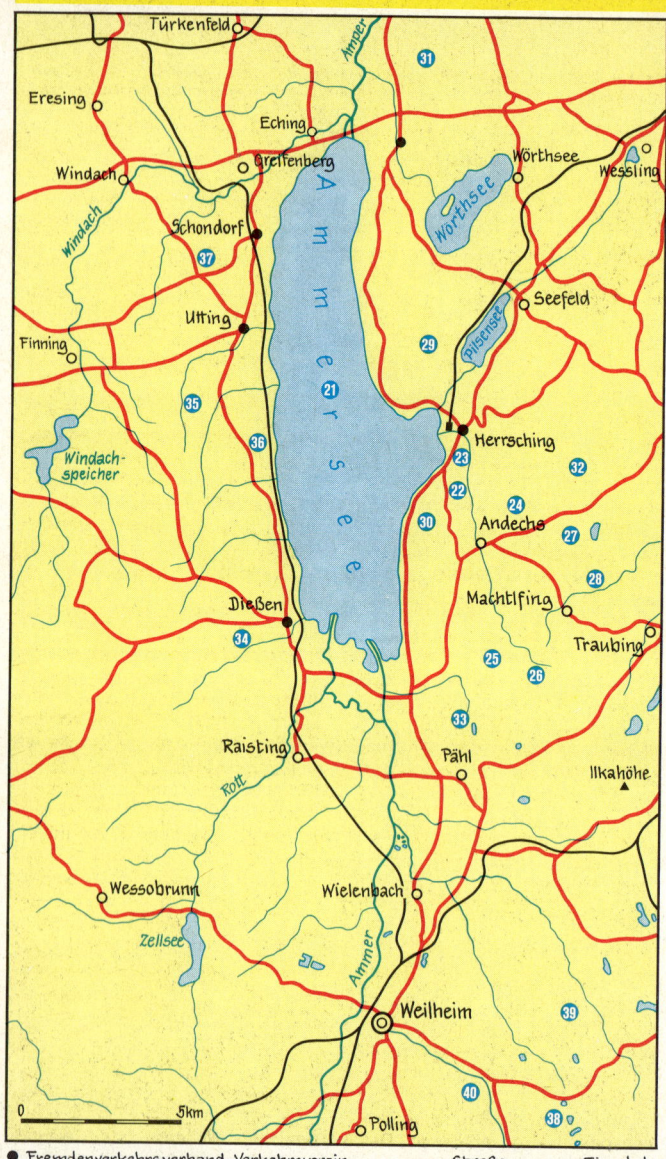

Türkenfeld · Eresing · Eching · Greifenberg · Windach · Schondorf · Utting · Finning · Wörthsee · Wessling · Seefeld · Herrsching · Andechs · Machtlfing · Traubing · Dießen · Raisting · Pähl · Ilkahöhe · Wessobrunn · Wielenbach · Zellsee · Weilheim · Polling

Ammersee · Wörthsee · Pilsensee · Windach · Windachspeicher · Rott · Ammer

● Fremdenverkehrsverband, Verkehrsverein   —— Straße   —— Eisenbahn

㉚ Lage der beschriebenen Wanderwege

Ortsbeschreibungen

ANDECHS

Gde., Lkr. Starnberg, Einw.: 2500, Höhe 711 m, Postltz.: D-8138. **Auskunft:** Gemeindeverwaltung. **Bahnstation:** Herrsching (5 km) (S-Bahn nach München). **Busverbindung:** nach Herrsching und Starnberg.

Auf dem „Heiligen Berg" (178 m über dem Ammersee) lag einst die um 1080 erbaute Burg der Grafen von Dießen-Andechs. Um 1130 verlegte das Grafengeschlecht seinen Hauptsitz auf das hier neugegründete Chorherrenstift. M. 12. Jh. stiegen die Grafen als Herzöge von Meranien in den Reichsfürstenstand auf. Aus diesem Geschlecht gingen Bischöfe hervor, und Töchter des Hauses heirateten als Königinnen nach Frankreich und Ungarn. Durch die Königin Gertrud von Ungarn ist die Hl. Elisabeth v. Thüringen eng mit Andechs verbunden. Die Herzogin Hedwig von Schlesien wurde in Andechs um 1174 geboren. Dem Aufstieg folgte A. 13. Jh. der Niedergang. Um 1245 wurde die Burg mit Ausnahme der Nikolauskapelle zerstört und 1248 starb der letzte Herzog aus diesem Geschlecht.

Die Anfänge einer Wallfahrt zu den Andechser Reliquien, die zeitweilig in München verwahrt wurden, geht in die Zeit um 1410 zurück. Seit 955 werden die von Graf Rasso (Graf Rath) aus dem Hl. Land mitgebrachten Heiligtümer hier verwahrt. 1455 wurde das selbständige Benediktinerkloster errichtet, das bis 1803 bestand. 1846 erwarb König Ludwig I. alle Gebäude und übergab sie der von ihm gegründeten Benediktinerabtei St. Bonifaz in München, die in Andechs ein Priorat errichtete. Vom weithin sichtbaren Kuppelturm der Wallfahrtskirche bietet sich eine herrliche Aussicht. Die mit dem Kloster verbundene Brauerei hat ausgedehnte Gasträume und einen vielbesuchten Biergarten.

Sehenswert im Ort und im Gemeindegebiet

Kloster- u. Wallfahrtsk. St. Nikolaus u. St. Elisabeth. Gotische Hallenkirche mit phantasievollen Rokokogebilden aus Stuck und Fresken. Die Ausstattung wirkt sehr geschlossen und einheitlich. Hochaltar nach Entwurf von Joh. Bapt. Zimmermann (1751) mit Gnadenbild um 1460. Eine Reihe von beachtlichen Seitenkapellen und eine Kerzensammlung. Heilige Kapelle als Schatzkammer, schon im 15. Jh. genannt. Klosterbau(Klausur) 1455/58 erbaut. **Erling.** Pfarrk. St. Veit mit weitgehend modernisiertem Innenraum. — Am Klasberg Reste einer röm. Villa aufgedeckt. **Frieding.** Pfarrk. St. Pankratius mit Turm aus dem 14. Jh. — Am Weg nach Landstetten 5 Hügelgräber. **Machtlfing.** St. Johann Bapt. (Obere Pfarrk.) von 1850. — Kapelle U. L. Frau (Untere Kirche) um 1680 erbaut. Hochaltar mit Figuren von 1490. Zahlreiche Votivtafeln. — Auf dem nahen Stephansbühel (728 m) eine Stephanskapelle.

DIESSEN a. Ammersee

Marktgde., Lkr. Landsberg a. Lech, Einw.: 8000, Höhe 535 – 678 m, Postltz.: D-8918. **Auskunft:** Fremdenverkehrsamt. **Bahnstation:** Dießen. **Schiffstation. Busverbindung:** nach München und Landsberg.

Der Luftkurort Dießen ist Hauptort des Ammersee-Westufers. Zahlreiche Gärten gliedern die Bebauung des Ortes auf, der sich an die vom See aufsteigenden Hänge schmiegt. Das Wahrzeichen Dießens ist die weithin sichtbare ehem. Klosterkirche. In Dießen stand im 11. Jh. die Stammburg der Grafen von Dießen/Andechs. Bereits im 16. Jh. gab es hier eine eigene

Zunft der Eisen- und Kugelschmiede, an die eine alte Hammerschmiede oberhalb der Pfarrkirche erinnert. Heute sind es vor allem die Zinngießerei und Töpferei, die den Ort weithin bekannt machen. Südl. des Marktes ein SOS-Kinderdorf. Zahlreiche kulturelle und gesellschaftliche Veranstaltungen im Ort.

Sehenswert im Markt und im Gemeindegebiet
Ehem. Augustiner-Chorherren-Stiftsk., nun Pfarrk. Mariä Himmelfahrt. Neubau 1720/39 von Joh. Mich. Fischer und eines seiner Hauptwerke. Hervorragende Innenausstattung. Deckenbilder von Joh. Gg. Bergmüller. Stuck von Franz Xav. Feichtmayer und Joh. Gg. Übelhör. Prunkvoller Hochaltar (1738) nach Entwurf von Francois Cuvilliés. Kanzelaufbau von Joh. Bapt. Straub. Nach Norbert Lieb ist diese Kirche eine der vollendetsten Schöpfungen Bayerns des mittleren 18. Jh. (Dießener Himmel genannt). Kirche St. Stephanus, geweiht 1981. — Filialk. St. Georgen. Bau A 16. Jh. und M. 18. Jh. erweitert. Schöner Barockraum mit Hochaltarbild von Math. Günther. Der Friedhof von St. Georg ist einer der ältesten in Bayern. — Friedhofskirche St. Johann 1780 geweiht. — Taubenturm von1480. — Kreisheimatstuben gegr. 1975. — Im Weiler **Bierdorf** stattl. Kapelle U. L. Frau von 1607. **Rieden a. A.** Spätrom. Kapelle St. Georg, 1480 und im 17. Jh. umgestaltet. **Riederau.** Maria Hilf Kapelle von 1796. — Filialk. St. Petrus Canisius, geweiht 1958. — Getreidekasten, Blockbau von 1695. **Romenthal.** St.-Anna-Kapelle. Zentralbau von Joh. Mich. Fischer (1757). Deckenbilder von Franz Kirzinger. **St. Alban:** Wallfahrtsk. v. 1736/39 mit reizvoller Rokokoausstattung.

EBERFING

Gde., Lkr. Weilheim-Schongau, Einw.: 820, Höhe 610 m, Postltz.: D-8121. **Auskunft:** Gemeindeverwaltung. **Bahnstation:** Weilheim (8 km). **Busverbindung:** nach Seeshaupt und Weilheim.

Sehenswert im Ort und in der Umgebung
Untereberfing. Pfarrkirche St. Laurentius. Guter Spätrenaissancebau von 1689 mit rom. Turm. Hochalterbild von Joh. Baader (1755). **Obereberfing.** Frauenkirche, erbaut 1633/54. Großer Hochaltar 18 Jh. mit Muttergottes um 1500. Beachtliche Standfiguren um 1510. **Etting** (Gde. Polling). Kirche St. Michael erb. 1526/37 mit Hochaltarfigur von Franz Xav. Schmädl (1756). — Südöstl. auf dem Platz eines Bajuwarenfriedhofes die Kapelle St. Andrä. Erbaut 1729/33 mit Stuckmarmoraltar von Tassilo Zöpf (1779).

ECHING a. Ammersee

Gde., Lkr. Landsberg a. Lech, Einw.: 1300, Höhe 538 m, Postltz.: D-8088. **Auskunft:** Gemeindeverwaltung. **Bahnstation:** Geltendorf (4 km). **Busverbindung:** nach Dießen a. A., Inning, Landsberg a. L. und München.

Wo die Windach aus den Seitenmoränen in das Moos eintritt, liegt die Ursiedlung Eching. Davon zeugen auch die Gräber aus der Merowingerzeit (um 600 – 700 n. Chr.), die auf dem Höhenrand bei der Echinger Mühle aufgedeckt wurden. Heute ist Eching eine kleine, idyllische Gemeinde mit einem schönen Erholungsgebiet im Süden.

Sehenswert im Ort
Pfarrkirche St. Peter u. Paul. Saalbau mit einheitl. Rokokoausstattung, errichtet 1766 von Leonh. Matth. Gießl. Altarbilder und Fresken von Chr. Wink (1770). — Sebastians- od. Pestkapelle von 1651 mit Engel u. Puttenköpfen von Joh. Luidl. — Bildstock („Seuchensäule") um 1548.

GREIFENBERG

Gde., Lkr. Landsberg a. Lech, Einw.: 1100, Höhe 568 m, Postltz.: D-8919. **Auskunft:** Gemeindeverwaltung. **Bahnstation:** Schondorf (Bay) (2 km) und Türkenfeld (4 km) (S-Bahn). **Busverbindung:** nach Dießen a. A., Inning a. A., Landsberg a. L. und München.

Südl. der neuen B 12 liegt das Pfarrdorf Greifenberg. Von 1507 an war es Sitz der Freiherren von Perfall. Die Nachkommen bewohnen noch heute das Schloß. Bis 1848 hatten sie die Hofmark und ein Patrimonialgericht. 1833 entdeckte der Arzt Jos. Hasinger unterhalb des Schloßberges eine Mineralquelle und richtete dort ein Badehaus (Theresienbad) ein. Westl. des Ortes entstand die Siedlung Neugreifenberg nach dem 2. Weltkrieg.

Sehenswert im Ort und im Gemeindegebiet
Hoch über dem Windachtal das stattl. Schloß (Privatbesitz) an Stelle einer Burg des 13. Jh. Nach einem Brand teilw. Neubau von L. M. Gießl. 1805 übernachtete hier Napoleon I. – Pfarrk. Maria Immaculata von 1959 (Architekt von Branca). – Am nördl. Dorfrand Kapelle „Unseres Herren Ruhe" von 1697 mit Anbau 19. Jh., Hochaltarfiguren von Lorenz Luidl. **Beuern.** Filialk. St. Michael. Neubau von 1724 mit Gruftkapelle der Familie Perfall.

HERRSCHING a. Ammersee

Gde., Lkr. Starnberg, Einw.: 8300, Höhe 546 m, Postltz.: D-8036. **Auskunft:** Verkehrszentrale. **Bahnstation:** Herrsching (S-Bahn nach München). **Schiffstation. Busverbindung:** nach Andechs, Greifenberg und Starnberg.

Herrsching, der bedeutendste Ausflugsort am Ostufer des Ammersees, liegt an der weiten Ausbuchtung, durch die einst eine Verbindung mit dem nahen Pilsensee vorhanden war. 776 wird „Horscaninga" in einer Schenkungsurkunde des Uradels der Huosier an das Kloster Schlehdorf erwähnt. Später kam der Besitz an das Kloster Benediktbeuern, das hier die erste Kirche erbaute. Das Kloster Wessobrunn ließ hier dann eine zweite Kirche bauen und ließ sie dem Fischerheiligen Nikolaus weihen. Heute ist aus dem ehem. Fischerdorf eine moderne, gut erschlossene Ausflugs- und Fremdenverkehrssiedlung geworden. Nordwestl. am Hang besteht die große Anlage der Beamten-Fachhochschule.

Sehenswert im Ort und im Gemeindegebiet
Alte Pfarrk. St. Martin. Spätgot. Bau und M. 18. Jh. im Innern barocke Umgestaltung. – Pfarrk. St. Nikolaus von 1927. – Ev. Erlöserk. von 1955. – Im Kurpark sog. Schlößchen (ehem. Villa Scheuermann) von 1888. – Gasthaus zur Post. Stattl. Bau und einst Sitz der Herren von Hundsberg. **Breitbrunn a. A.** Filialk. St. Johannes d. T., 16. Jh. mit Hochaltar von 1760/70. Neue kath. Kirche von 1971. **Mühlfeld.** Alter Hofmarksitz vom 16. Jh. – In der ehem. Sägmühle (18. Jh.) eines der größten bayer. Mühlräder. **Ried.** Ehem. Sommersitz des Klosters Fürstenfeld mit Kapelle St. Michael von 1572. **Wartaweil.** Ehem. Landeplatz für Wallfahrer nach Andechs. – Das sog. Schloß neugot. 1898 erbaut und 1960 verändert. **Widdersberg.** Filialk. St. Michael um 1500 erbaut. Außen an der Chorwand eingemauerter röm. Grabstein.

INNING a. Ammersee

Gde., Lkr. Starnberg, Einw.: 3650, Höhe 552 m, Postltz.: D-8084. **Auskunft:** Verkehrsverein. **Bahnstation:** Steinebach od. Grafrath (je 7 km). (S-Bahn) **Schiffstation:** Stegen (1 km). **Busverbindung:** nach Herrsching und Landsberg a. L.

Auf einer Höhe zwischen dem Ammersee und dem Wörthsee liegt das ansehnliche Straßendorf Inning. Die erste Erwähnung „Uningin", des sicher älteren Ortes, ist aus einer Urkunde von 1021 zu entnehmen. Kaiser Heinrich II. weilte hier im gleichen Jahr auf seinem Weg nach Italien. Nach dem Geschlecht der Huosi, die hier herrschten, erfolgte mancherlei Besitzwechsel: um 1200 die Hardenberger, um 1350 die Greifenberger, um 1500 die Patrizier Püttrich und nach 1700 ging der ansehnliche Besitz an die Grafen von Törring-Seefeld. Die günstige Lage zur Straße und zum See brachten dem Ort einträgliche Handelsbeziehungen. Heute wird Inning als Ferienort am Ammersee bezeichnet.

Sehenswert im Ort und im Gemeindegebiet
Pfarrk. St. Johann Bapt. Erbaut 1765/67 durch Leonh. Matth. Gießl. Stuck vom Wessobrunner Thassilo Zöpf und Fresko 1767 von Chr. Wink. Hochaltar mit Figuren von Franz Xav. Schmädl. — Im Friedhof neugot. Grabkapelle 1842/43 errichtet vom Posthalter Balthasar Reinpold. — Schönes Ortsbild mit ehem. Salzstadel (angebl. Absteige Kaiser Heinrich II.) vom 16. Jh. mit dem Törring'schen Wappen. **Buch a. A.** Kapelle St. Maria und hl. Dreifaltigkeit. Um 1742 erbaut und im 19. Jh. verlängert. Spätgot. Figuren und hübsche Glasfenster um 1900. **Schlagenhofen.** Kapelle St. Michael. Schlichter Saalraum mit Altar um 1670.

PÄHL

Gde., Lkr. Weilheim-Schongau. Einw.: 1670, Höhe 590 m, Postltz.: D-8121. **Auskunft:** Gemeindeverwaltung. **Bahnstation:** Weilheim (Oberbay.) (10 km). **Busverbindung:** nach Herrsching, Raisting und Weilheim i. OB.

Über dem Ostrand des alten Ammerseebeckens, überragt vom imposanten Hochschloß, liegt das bereits 748 erwähnte Pähl. Ursprünglich war es Sitz des Ortsadels und vom 13. bis 16. Jh. Sitz der herzoglichen Pfleger. Unterhalb des Schlosses stand das „Mittlere Schloß", das 1633 von den Schweden zerstört wurde; im Dorf selbst das „Untere Schloß" aus dem 16. Jh.

Sehenswert im Ort und im Gemeindegebiet
Pfarrk. St. Laurentius. Hochgelegen und weithin sichtbar. Der untere Teil des Kirchturms wird als Rest eines röm. Wachtturms angesehen. Barocker Umbau 1723 durch den Wessobrunner Jos. Schmuzer. Deckenfresko von Joh. Baader, datiert 1772. Gute Kanzel E. 18. Jh. Außen am Chor Erbbegräbnis für die Grafen von Spreti. — Hochschloß (keine Besichtigung). Völliger Neubau 1883/85. — Aus der Kapelle stammt der um 1400 gemalte Pähler Altar, der im Bayer. Nationalmuseum in München steht. Eine Kopie wurde 1984 gefertigt und zum 250. Weihejubiläum der Kirche aufgestellt. — Unteres Schloß 16. Jh. im Dorf erhalten. **Mitterfischen.** Die Pankratiuskirche mit spätgot. Altarbild lehnt sich an einen Erdhügel, der noch deutlich die Wallanlagen einer Zwergburg zeigt.

RAISTING

Gde., Lkr. Weilheim-Schongau, Einw.: 1553, Höhe 553 m, Postltz.: D-8121. **Auskunft:** Gemeindeverwaltung Raisting. **Bahnstation:** Raisting.

Sehenswert im Ort und im Gemeindegebiet
Pfarrkirche St. Remigius, bemerkenswerte Rokokoausstattung. — **Wallfahrtskirche St. Johann.** — **Erdfunkstelle** (Innenbesichtigung nur nach Anmeldung, Tel. 0 88 07/7 41).

SCHONDORF a. Ammersee

Gde., Lkr. Landsberg a. Lech, Einw.: 2700, Höhe 550 bis 585 m, Postltz.: D-8913. **Auskunft:** Verkehrsverein. **Bahnstation:** Schondorf (Bay.). **Schiffsstation. Busverbindung:** nach Dießen a. A., Inning a. A., Landsberg a. Lech und München.

Schondorf ist ein Villen- und Fremdenort am Westufer des Ammersees, der seit E. 19. Jh. eine sprunghafte Entwicklung erlebt hat. Der heutige Ort teilte sich einst in Oberschondorf (erstmals 751 genannt) und Unterschondorf, bekannt geworden durch den Maler Wilh. Leibl, der hier von 1875 — 1877 wohnte.

Sehenswert im Ort und im Gemeindegebiet
Westl. vom Dampfersteg steht die um 1150 erbaute rom. Jakobskirche mit bemerkenswertem Hochaltar um 1670. Figuren aus der Weilheimer Degler-Werkstatt. — Ehem. Pfarrk. St. Anna von 1499 (Oberschondorf) mit Turmoberbau von 1716. Im Chor Stuck von Joh. Schmuzer. Hochaltar von 1725. — Neue Pfarrk. Hl. Kreuz von 1957. — Nördl. im Erholungsgebiet Weingarten ein kleines Grabhügelfeld der Hallstattzeit (750 — 450 v. Chr.).

UTTING a. Ammersee

Gde., Lkr. Landsberg a. Lech, Einw.: 2 700, Höhe 554 m, Postltz.: D-8919. **Auskunft:** Verkehrsverein. **Bahnstation:** Utting. **Schiffsstation. Busverbindung:** nach Dießen a. A. und München.

Sehenswert im Ort und im Gemeindegebiet
Pfarrkirche Mariä Heimsuchung unter Verwendung alter Teile 1819 erbaut. Kanzel mit Statuetten um 1700 von Lorenz Luidl. — Stattl. Pfarrhof von 1770. — Filialkirche St. Leonhard im „Oberdorf" 1707/12 von Mich. Natter erbaut, mit reichem Wessobrunner Stuck und Bildschmuck des Rokoko. Plastiken von Joh. und Lorenz Luidl. — Hoch über dem Dorf **Holzhausen.** Kirche St. Ulrich aus rom. Tuffquader-Mauerwerk. Im Spätbarock vergrößerter Hochaltar (1676). — Südl. in einer Feldkapelle Totenbretter.

WEILHEIM i. OB

Sehenswert im östl. Gemeindegebiet
Deutenhausen. Kirche St. Johannes d. T., erbaut 1668. Im spätbarocken Hochaltar Madonna aus der Werkstatt Hans Leinbergers (um 1510). Freigelegte spätmittelalt. Wandmalereien. **Marnbach.** Pfarrk. St. Michael. Neubau von 1673. Altäre E. 18. Jh. mit Figuren des 17. Jh. — 500 m südöstl. Burgstall und Hügelgräber. **Unterhausen.** Pfarrk. Mariä Heimsuchung. Bau M. 15. Jh. und 1773 verlängert, mit Fresken von Joh. Baader (1773). Am Hochaltar Madonna von Hans Degler (1621).

WIELENBACH

Gde., Lkr. Weilheim-Schongau, Einw.: 2500, Höhe 553 m, Postltz.: D-8121. **Auskunft:** Gemeindeverwaltung. **Bahnstation:** Weilheim (Oberbay.) (4 km). **Busverbindung:** nach Herrsching, Raisting, Weilheim i. OB und Tutzing.

Sehenswert im Ort und im Gemeindegebiet
Pfarrk. St. Peter mit mittelalterl. Turm. Im Innern Darstellung des Abendmahls A. 16. Jh. **Bauerbach.** Filialk. St. Leonhard. Bau von 1709/36. Deckenfresko von 1736. Rokokoaltäre mit zahlreichen Figuren. Standfigur St. Bernhard um 1500. **Haunshofen.** Pfarrk. St. Gallus 1754 neu erbaut. Kanzel und Seitenaltäre um 1800. **Wilzhofen.** Filialk. St. Anna. Saalbau mit Stuckdekoration um 1700.

21 **Wanderung:** Rund um den Ammersee

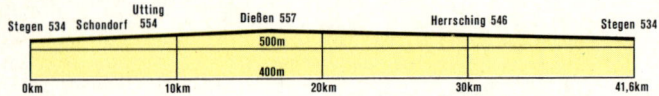

Stegen 534	Schondorf	Utting 554	Dießen 557		Herrsching 546		Stegen 534
			500m				
			400m				
0km		10km	20km		30km		41,6km

Ausgangspunkt: Stegen (Schiffsstation)
Parken: an der B 12 in Stegen
Höhenunterschied: 30 m
Wanderzeit: 11 Std.
Schwierigkeitsgrad: leicht

Einkehr: in allen Uferorten; empfehlenswerte Biergärten direkt am See: Schreyegg in Stegen, Seehof in Herrsching, Alte Villa in Utting, Post in Schondorf

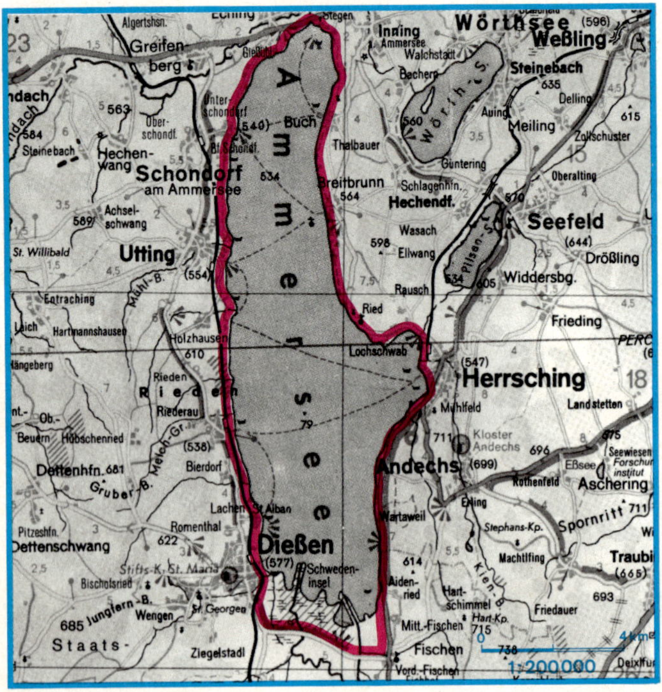

Tourenverlauf: Mit dem Auto angereiste Wanderer gehen vom Parkplatz in Stegen zur Amper und über die Brücke auf einem allmählich sich verbreiternden Fußsteig durch ein Vogelbrutgebiet (Schilf) zum Erholungsgebiet Eching. Durch den „Weingarten", wo heute statt Wein Wald wächst, erreicht man bald Schondorf. Jetzt geht es fast ohne Steigung bis nach Dießen, wobei der Weg am Westufer entlang selten direkt am See verläuft. Im Keramik- und Zinngießerort Dießen bietet sich für erschöpfte Wanderer die Möglichkeit, die Tour per Schiff nach Herrsching abzukürzen. Der Weg um den südlichen Ammersee verläuft von Dießen bis Fischen entlang einer birkenbestandenen Autostraße. Dann macht bis Aidenried ein neuer Wirtschaftsweg neben der Staatsstraße nach Herrsching die Wanderung bequemer. Vor Wartaweil muß noch einmal die Straße benutzt werden, dann geht es auf einen kombinierten Fuß- und Radweg bis Herrsching. Hier entschädigt eine kilometerlange Seeuferpromenade für die Mühen des zurückgelegten Weges. Auf Höhe Lochschwab endet der Promenadenweg abrupt. Es gilt, ein kurzes Stück bis Schloß Ried auf die Staatsstraße auszuweichen. Ab hier führt der Weg direkt am See entlang bis Buch, von dort weiter durch schönen Hochwald als Hochuferweg nach Stegen.

㉒ Wanderung: Herrsching — Andechs — Herrsching („Strittholzweg")

Ausgangspunkt: S-Bahnhof Herrsching
Parken: am S-Bahnhof oder am Dampfersteg
Höhenunterschied: 160 m
Wanderzeit: 2 1/2 Std.
Schwierigkeitsgrad: leicht, bei Nässe stellenweise morastig
Einkehr: Klosterbräustüberl und Klostergasthof in Andechs

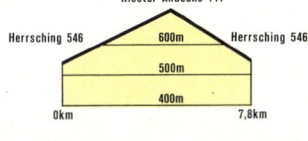

Kloster Andechs 711
Herrsching 546   600m   Herrsching 546
500m
400m
0km   7,8km

![Klosterkirche Andechs]

Klosterkirche Andechs

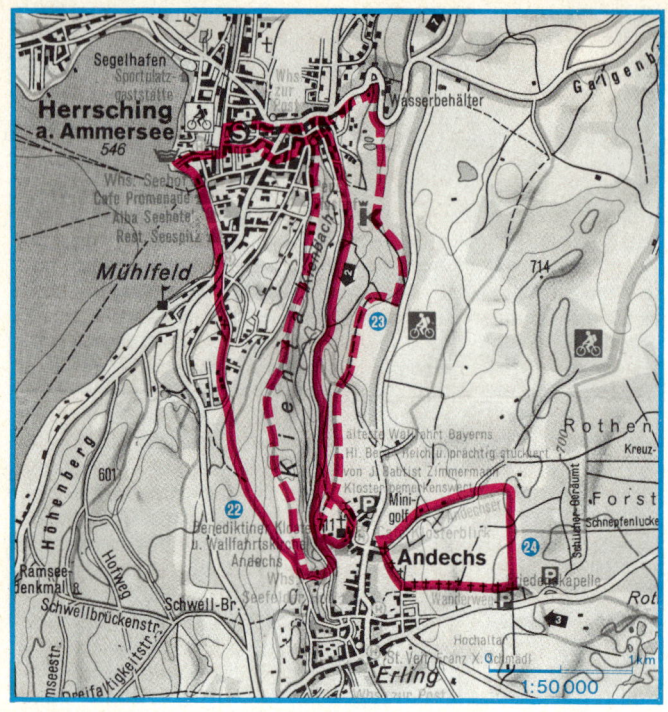

Tourenverlauf: In wenigen Minuten erreicht man vom S-Bahnhof den Ammersee auf Höhe des Dampferstegs. Über die schattige Seepromenade und die Strittholzstraße geht es hinauf zur Weihersenke. Wo die Bebauung allmählich zu Ende geht, führt links ein Steig bergwärts, an seinem Ende eine weite Waldwiese. Darüber steht der Turm der Klosterkirche und weist den Weg, der bei den ersten Häusern links über den Jägersteig hinunter zum Kienbach führt, der hier sein Bett tief in den Fels genagt hat. Hinter der Brücke geht es links zum Kloster hinauf und hinein ins Bräustüberl. Trotz der hier oft herrschenden Betriebsamkeit rund um das wohlschmeckende Andechser Bier überkommt den durstigen Wanderer in dem alten Gemäuer Behaglichkeit. Wer nach dem Genuß der hochprozentigen Köstlichkeiten nicht mehr ganz sicher auf seinen Füßen steht, wähle auf seinem Rückweg den kleinen Umweg zurück zur Kienbachbrücke. Kurz vorher scharf rechts und auf breitem Weg durchs felsige Kiental nach Herrsching. Wer es sich aber noch zutraut, entlang steiler Abstürze zu wandern (Vorsicht ist geboten!), gehe von der Klosterkirche die Treppe hinunter und halte sich rechts an der Klostermauer entlang. Bald führt eine steile Treppe hinunter ins Kiental und nach Herrsching zurück.

Wanderung: Herrsching — Andechs — Herrsching („Hörndlweg")

Ausgangspunkt: S-Bahnhof Herrsching
Parken: am S-Bahnhof in Herrsching
Höhenunterschied: 160 m
Wanderzeit: 2 1/2 Std.
Schwierigkeitsgrad: leicht (beschwerlich nur bei direktem Überqueren des Ochsengrabens)
Einkehr: Klosterbräustüberl und Klostergasthof in Andechs, Gasthöfe in Herrsching

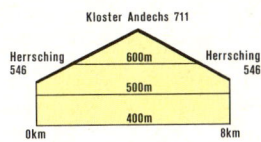

Tourenverlauf: In die Vergangenheit der Burgherren von Andechs führt diese kulturhistorische Wanderung. — Vom S-Bahnhof Herrsching gehen wir durch den Ort zur alten Martinskirche. An ihrem Fuße links vorbei führt der Kientalweg nach Andechs, wir aber halten uns rechts und steigen übers Hörndl hinauf zum Moränenrücken. Linkerhand hat der Kienbach eine tiefe Schlucht geschaffen. Bevor wir kurz vor Andechs auf eine weite Waldwiese treten, zeigen uns Wälle im Gelände an, daß hier eine Fliehburg gestanden haben muß, offensichtlich von den Andechser Burgherren als Zufluchtsstätte zur Zeit der Ungarneinfälle (10. Jh.) geschaffen. Hinter der Lichtung bei den ersten Häusern von Andechs gehen wir links über den Jägersteig an der Ruine der alten Klostermühle vorbei zum Kloster hinauf. Nach der Einkehr wandern wir an der Klostermauer zurück nach Herrsching. Wichtig ist, auf der Höhe zu bleiben und keine der Abstiegsmöglichkeiten ins Kiental zu nehmen. Bald stehen wir vor der tief eingeschnittenen Schlucht des Ochsengrabens. An der Geländebeschaffenheit ist zu erkennen, daß hier vor Jahrhunderten nicht die Natur, sondern Menschenhand am Werke war. Wir stehen auf dem Boden einer ehemaligen Befestigungsanlage, offensichtlich einer Vorburg der Grafenburg von Andechs. Auf dieser Flur „Alte Burg" fanden sich auch Siedlungsspuren, wahrscheinlich aus der Bronzezeit. Wer nicht den direkten Weg über die Schlucht gehen mag, umgehe den Ochsengraben und wandere am Waldrand weiter. Auf den Hannawiesen am Eglsee stehen wir wieder auf uraltem Siedlungsboden. Etwa dreißig Grabhügel aus der Bronze- und Hallstattzeit wurden hier gefunden und geöffnet. Feldbewirtschaftung hat die Hügelgruppe bereits weitgehend abgeflacht. Über die Schmidschneiderstraße in Herrsching geht es zurück zum S-Bahnhof.

 Wanderung: Andechser Wanderweg

Ausgangspunkt: Kloster Andechs
Parken: auf dem großen Klosterparkplatz oder oberhalb der Friedenskapelle am Ende des Kreuzweges.
Höhenunterschied: 20 m
Wanderzeit: 1 Std.
Schwierigkeitsgrad: leicht
Einkehr: Klosterbräustüberl und Klostergasthof in Andechs, Gasthöfe in Erling

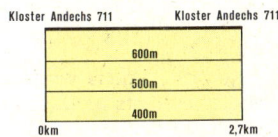

Tourenverlauf: Der Andechser Lehrwanderweg führt vom Parkplatz unterhalb des Klosters in der Verlängerung des Weges mit den Kalvarienbergstationen (Kreuzweg) zum Wald östlich von Andechs, dann in nördlicher Richtung am Waldrand entlang. Schließlich leitet der gut ausgebaute Wanderweg, der stets einen malerischen Blick auf den Klosterberg ermöglicht, in einer Schleife zurück nach Andechs. Auf einer Reihe von Schautafeln wird der Wanderer mit der historischen und landschaftsgeschichtlichen Entwicklung der näheren Umgebung sowie des Voralpenlandes bekanntgemacht. Er lernt die heimischen Pflanzen und Vögel kennen und wird mit der für das Voralpenland typischen Vegetation vertraut. Auch die Geschichte von Andechs ist anschaulich dargestellt.

㉕ Wanderung: Andechs — Pähl — Andechs

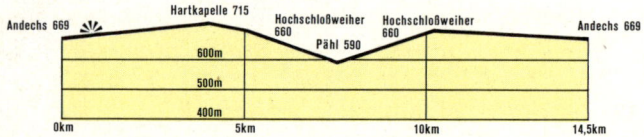

Ausgangspunkt: Andechs, am Ortsausgang in Richtung Fischen
Parken: Wanderparkplatz am südlichen Ortsausgang von Andechs
Höhenunterschied: steil nur in der Pähler Schlucht

Wanderzeit: 5 Std.
Schwierigkeitsgrad: leicht, Auf- und Abstieg in der Pähler Schlucht bei Nässe etwas schwieriger
Einkehr: Hirschbergalm bei Pähl

Pähl

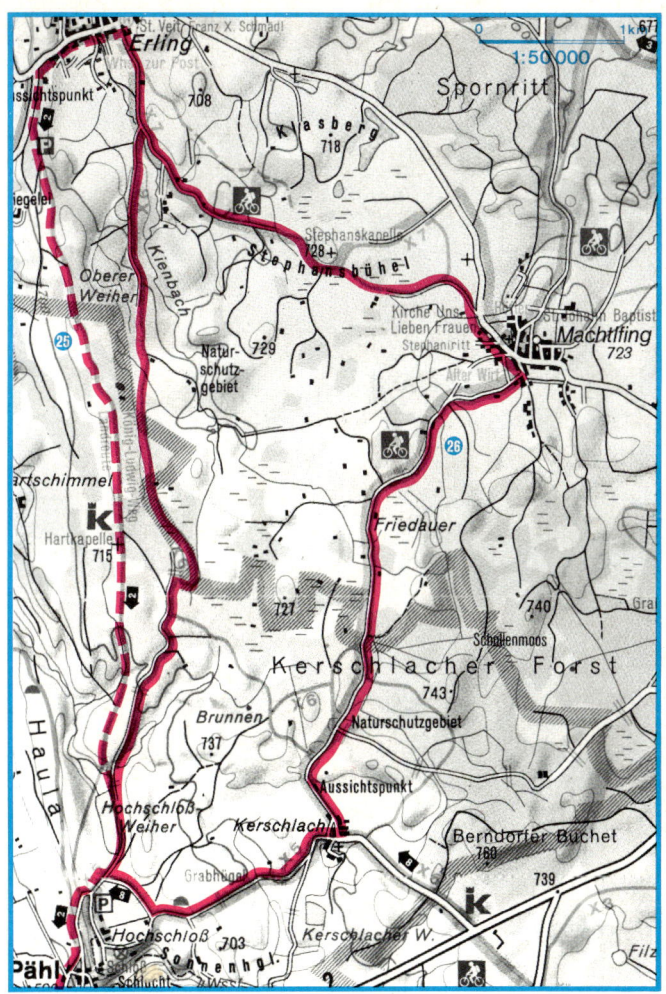

Tourenverlauf: Gleich hinter dem Wanderparkplatz nimmt Laubwald den Wanderer auf seinem Weg nach Süden auf. Der Wald öffnet sich alsbald zu einem herrlichen Panoramaweg mit Blick über den Hohenpeißenberg ins Gebirge und über den Ammersee. Ohne wesentliche Steigung zieht sich der Höhenweg dahin, bis etwa auf Höhe der Hartkapelle (1654), wo am 21. März 1653 der Pähler Pfarrer Balthasar Fischer auf dem Heimweg von Andechs ermordet wurde, dichter Wald die Sicht nimmt. Bald taucht der Hochschloßweiher, ein aufgestauter

Fischweiher, auf, der links umgangen wird. Auf einer abschüssigen Ortsstraße mit Blick auf die Moorlandschaft des hier längst verlandeten Ammersees geht es hinab nach Pähl. Ein Wegweiser führt zur Schlucht. Nach dem lohnenden Abstieg in die Nagelfluhfelsen, wo teilweise der tertiäre Untergrund aufgeschlossen liegt, sollte gleich wieder an den Aufstieg gedacht werden, da man ansonsten den schmalen Fußgängertunnel verpaßt, der die Bundesstraße 2 unterquert und direkt in die Hirschbergalm mündet. Oberhalb der Alm gewährt ein Aussichtspunkt ungestörten Blick übers Voralpenland. Auf dem Rückweg gilt es aufzupassen, da man nur zu leicht den falschen Weg hinunter nach Vorderfischen geht. Am besten hält man sich bis zum Hochschloßweiher und auch danach rechts und folgt dann dem Wegweiser X6. Teils auf Forststraßen, teils auf Pfaden geht es direkt nach Andechs zurück. Am Gasthof zur Post muß zurück zum Parkplatz links die Straße nach Herrsching bis zum Ortsausgang benutzt werden.

26 **Wanderung:** Andechs – Pähl – Kerschlach – Machtlfing – Andechs

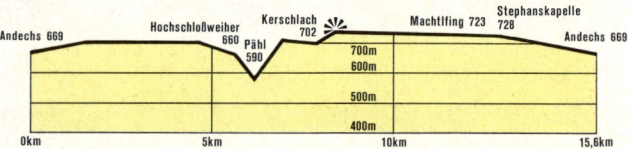

Ausgangspunkt: Erling, an der Kreuzung nach Andechs
Parken: Dorfstraße im Bereich des Gasthofs zur Post
Höhenunterschied: 40 m

Wanderzeit: 5 1/2 Std.
Schwierigkeitsgrad: leicht
Einkehr: Alter Wirt und Höfler in Machtlfing, Post in Erling, Bräustüberl und Klostergasthof in Andechs

Tourenverlauf: Vom Gasthof zur Post in Erling geht es auf Wanderweg Nr. X6 geradeaus nach Süden, anfangs über freie Flächen, später meist durch Mischwald. Am Weg liegt der 4 ha große Obere Weiher, dessen 800 m langes Ufer nicht zugänglich ist. Auch ein Abstecher in das gut 1 km weiter südlich linkerhand gelegene Naturschutzgebiet mit seinen Wacholder- und Enzianstandorten ist nur auf vorgezeichneten Wegen statthaft. Hinter dem Hochschloßweiher bei Pähl biegen wir links in den Weg (Nr. 8, X5) nach Kerschlach ein. Beidseits des Weges, vor allem im Bereich des Sonnenhügels, begleiten uns Hügelgräber. In Kerschlach, wo Benediktinerinnen ein Gut bewirtschaften, wenden wir uns wieder nach Norden (im Hofbereich links). Kurz hinter Kerschlach bietet sich rechterhand eine Aussicht übers Voralpenland. Auf dem Weiterweg nach Andechs begleiten uns zur Rechten geschützte Hochmoorflächen, zwischen denen er wertvollen Streuwiesen der Enzian gedeiht. Hinter Machtlfing verlassen wir bald die Straße nach Andechs und wandern hinauf zur alten Stephanskapelle auf den Stephansbühel. Von hier ziehen sich gut erhaltene Hochäcker aus der Zeit bajuwarischer Landbewirtschaftung hinüber zum Glasberg. In Andechs beschließen wir unsere Wanderung.

27 Wanderung: Andechs — Stephanskapelle — Glasberg — Seewiesen — Rothenfeld — Andechs

Ausgangspunkt: Kloster Andechs
Parken: großer Parkplatz am Kloster Andechs
Höhenunterschied: 50 m
Wanderzeit: 2 1/2 Std.
Schwierigkeitsgrad: leicht
Einkehr: Gasthöfe in Erling, Klosterbräustüberl und Klostergasthof in Andechs

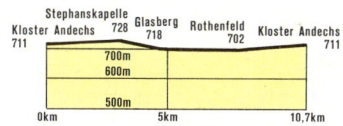

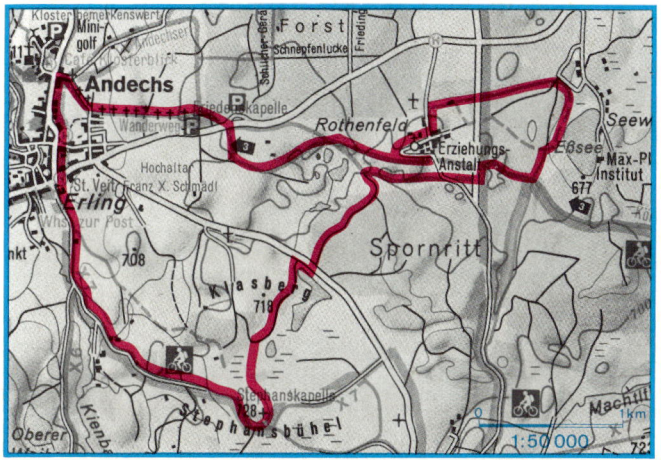

Tourenverlauf: Am Gasthof Post in Erling vorbei wandern wir südwärts auf dem Wanderweg X7 zur alten Stephanskapelle auf dem Stephansbühel, der Stätte heidnischer Kulthandlungen. Von hier ziehen sich Hochäckerwellen aus der Zeit bajuwarischer Landbewirtschaftung hinüber zum Glasberg, den wir auf schmalem Pfad erreichen. Auf seiner Kuppe hatten sich einst Beamte der Grafen von Andechs einen Edelsitz errichtet. Am Südwestfuß des Glasberges fand man auf der Flur „Raingrub" die Reste einer römischen Villa. Durch den Spornritt, wo ebenfalls ein Edelsitz andechsischer Beamter stand, gehen wir hinüber zum König-Ludwig-Weg, dem wir bis zum Eßsee folgen. Im nahen Seebuchet östlich vom Eßsee stockt einer der seltenen naturnahen Buchenwaldbestände der Jungmoräne. Auf einer waldigen Anhöhe über dem Westufer des Eßsees liegt eine bronze- und hallstattzeitliche Grabhügelgruppe. Nicht weit davon entfernt zieht die gut erkennbare Römerstraße Bregenz — Gauting vorbei. Auf ihrem Damm wandern wir an Rothenfeld vorbei, wechseln die Staatsstraße und gehen über den Kreuzweg zum Kloster Andechs hinauf.

Dorfplatz in Andechs

28 Wanderung: Machtlfing – Eßsee – Aschering – Traubing – Kerschlacher Forst – Machtlfing

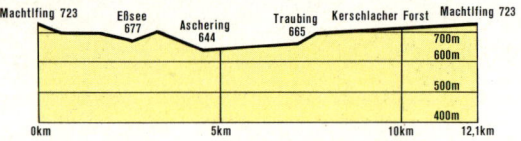

Ausgangspunkt: Machtlfing
Parken: im Ortsbereich Machtlfing
Höhenunterschied: 50 m
Wanderzeit: 4 1/2 Std.

Schwierigkeitsgrad: leicht
Einkehr: Gasthöfe in Traubing und Machtlfing

Tourenverlauf: Über uralten Siedlungsboden führt diese archäologische Wanderung rund um Machtlfing. Wir verlassen den Ort geradewegs nach Norden zum Eßsee, über dessen Westufer wir eine Grabhügelgruppe finden. Über den König-Ludwig-Weg (gekröntes „K") gelangen wir nach Aschering. Südlich des Ortskerns lagen auf dem Bürgel (Burgstall) mittlerweile durch Bebauung zerstörte Hügelgräber. Auf den Wanderwegen X8 und X9 geht es weiter nach Traubing, an dessen westlichem Ortsrand sich auf den Fluren Butterbichl, Natternwies und Auf der Wies eine Vielzahl bronze- und hallstattzeitlicher Hügelgräber finden. Ein Stück auf der Straße westwärts, dann links in einen für den motorisierten Verkehr gesperrten Fahrweg durch den Kerschlacher Forst. Hier liegt in der Waldabteilung 5 (Kleinherzogbuchet) eine Grabhügelgruppe in der Nähe einer wohl frühmittelalterlichen Wehranlage („römische Schanze"). Auf Forstwegen geht es zurück nach Machtlfing, wo am Reischberg ein römischer Gutshof stand.

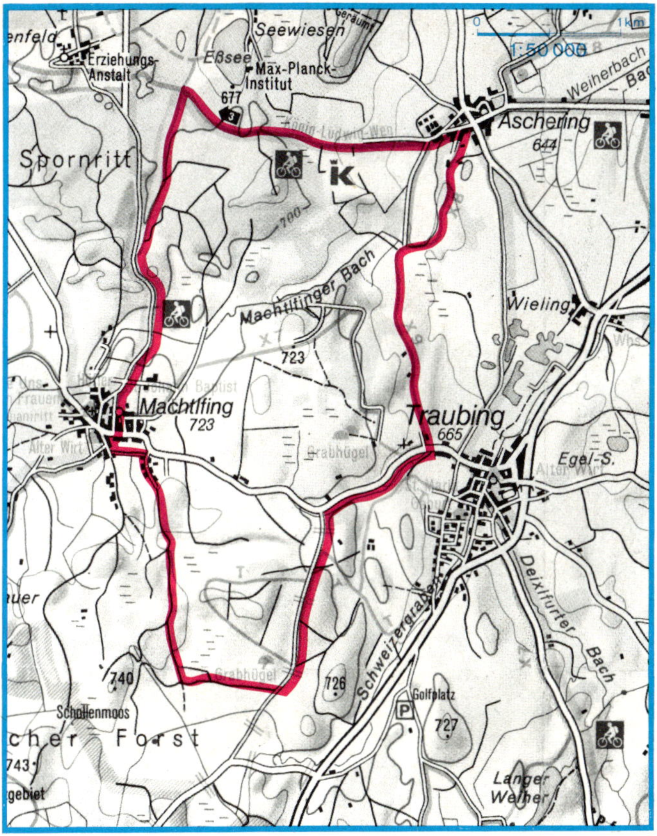

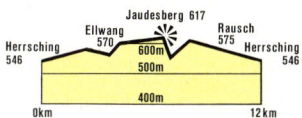

㉙ Wanderung: Herrsching − Ellwang − Breitbrunn − Rausch − Herrsching

Ausgangspunkt: S-Bahnhof Herrsching
Parken: am S-Bahnhof oder am Dampfersteg in Herrsching
Höhenunterschied: 100 m
Wanderzeit: 3 1/2 Std.
Schwierigkeitsgrad: leicht
Einkehr: Seefelder Hof in Breitbrunn

Tourenverlauf: Vom S-Bahnhof erreichen wir in wenigen Minuten den Ammersee beim Dampfersteg. Durch den Kurpark und weiter am See entlang bis zur Hechendorfer Straße. Über den Rauscher Fußweg zum Weiler Rausch, danach auf geteertem Wirtschaftsweg nach Ellwang,

69

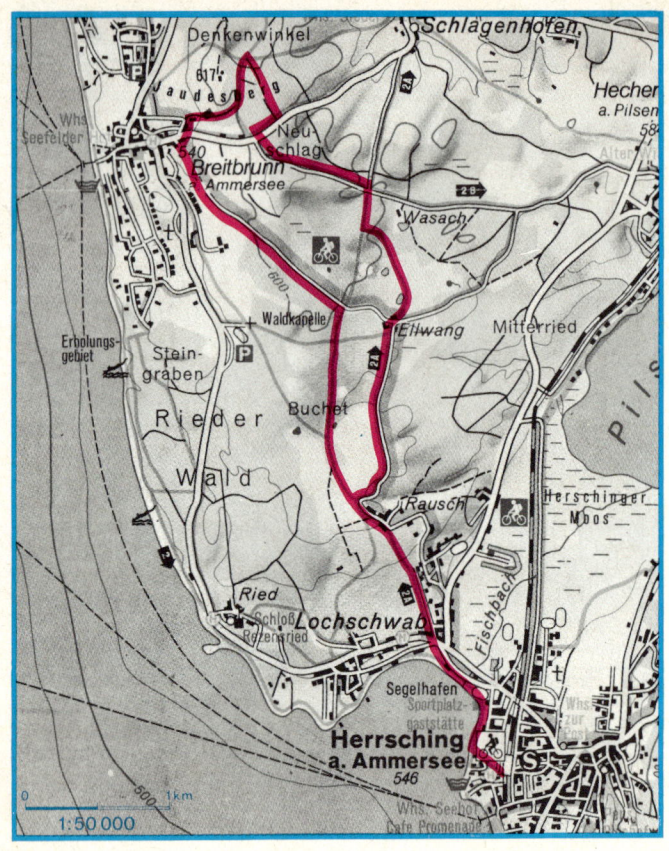

einem idyllisch auf einer Rodungsinsel gelegenen Weiler. Vorbei am fischreichen Weiher und bei der nächsten großen Weggabelung dem Schild nach Breitbrunn folgen. Am Waldrand stoßen wir auf die Fahrstraße nach Schlagenhofen, der wir etwa hundert Meter weit (rechts) folgen. Links nimmt uns dann ein mit einer Schranke gesicherter Forstweg auf. An der zweiten Wegkreuzung links und hinauf geht's zu dem wohl schönsten Aussichtspunkt am Ammersee. Der Volksmund nennt den Jaudesberg auch Königshügel, weil König Ludwig I. von Bayern hier gern als Spaziergänger weilte. Am Ortseingang von Breitbrunn beginnt ein Wirtschaftsweg nach Ellwang. Sobald am Waldaustritt der Blick auf Ellwang frei wird, gehen wir rechts am Waldrand entlang nach Rausch und hinunter zum Ammersee und zur S-Bahn in Herrsching.

30 Wanderung: Herrsching — Ramseedenkmal — Andechs — Herrsching

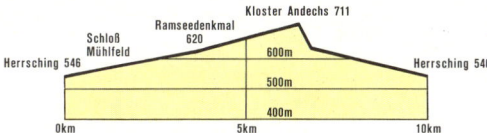

Ausgangspunkt: S-Bahnhof in Herrsching
Parken: am S-Bahnhof oder am Dampfersteg
Höhenunterschied: 160 m
Wanderzeit: 4 Std.

Schwierigkeitsgrad: leicht
Einkehr: Klosterbräustüberl und Klostergasthof in Andechs

Optische Sturmwarnung an den großen Seen
Vorwarnung: 35 Blinkzeichen pro Minute
Sturmwarnung: 90 Blinkzeichen pro Minute

Kurparkschlößchen in Herrsching

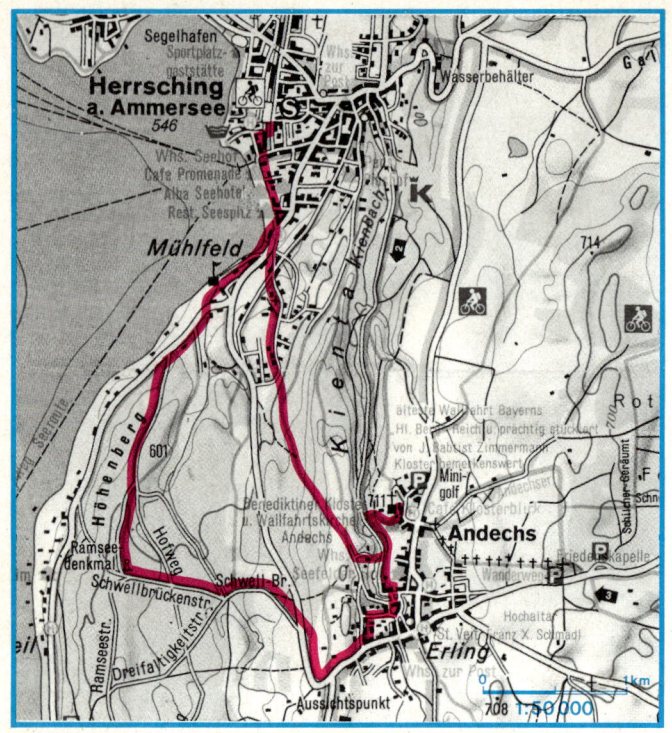

Tourenverlauf: Auf der Seepromenade gehen wir bis Schloß Mühlfeld und von dort einen knappen Kilometer auf dem Fuß-/Radweg nach Süden, bis uns die zweite Forststraße hinter dem Schlößchen links zum versunkenen Dorf Ramsee führt. Nur noch ein Gedenkstein erinnert an die Siedlung, die 1849 einem Brand zum Opfer fiel. Den versunkenen Ort verlassen wir in östlicher Richtung und gelangen auf guten Forstwegen zur Brücke über den Mühlbach. Hier soll einst der Brückengeist, der „Schäuferlmann", Spätheimkehrern vom Andechser Bräustüberl aufgelauert haben. Anschließend folgen wir wenige hundert Meter weit der Autostraße nach Andechs und erreichen auf ruhigen Ortsstraßen das Klosterbräustüberl. Den Rückweg nehmen wir nicht durchs Kiental, sondern übers Strittholz nach Herrsching. Wir verlassen das Kloster in südlicher Richtung und überqueren bei der ehemaligen Klostermühle den Kienbach-Absturz auf einer Holzbrücke. Über den Jägersteig und an den letzten Häusern von Andechs vorbei gelangen wir rechts zur großen Waldwiese, in deren Mitte ein Pfad nach links den Feldweg verläßt. Bergab geht es bequem zurück nach Herrsching.

31 **Wanderung:** Inning — Martinsberg — Mauerner Wald —
Etterschlag — Walchstadt — Inning (— Stegerberg)

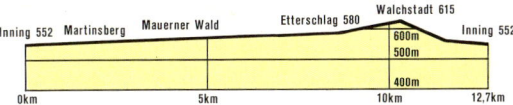

Ausgangspunkt: Inning
Parken: im Ortsbereich von Inning
Höhenunterschied: 50 m
Wanderzeit: 5 Std.

Schwierigkeitsgrad: leicht
Einkehr: Alter Wirt in Etterschlag,
Gasthöfe in Inning

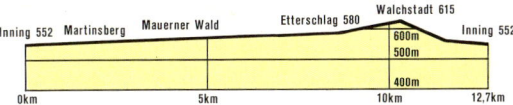

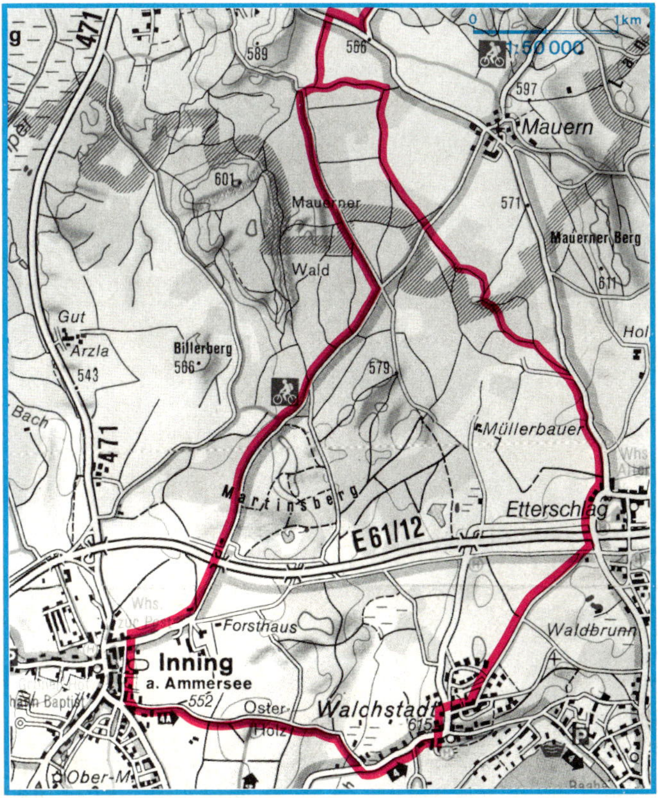

Tourenverlauf: Inning verlassen wir in östlicher Richtung auf der alten Straße zur B 12 und biegen auf Höhe des Forsthauses, wo einst eine Burg gestanden haben soll, links ab und unterqueren die Bundesstraße. Zur Rechten der Martinsberg, auf dessen Kuppe die Burg der Herren von Inning, Ministerialen der Grafen von Andechs, stand. Die ringsum steil abfallende Höhe des Burgstalls ist 10 m unterhalb von einem Graben umzogen. Wir betreten auf dem Weiterweg den Mauerner Wald, an dessen Nordrand (etwa 1300 m westlich der Ortschaft Mauern) und etwas weiter nordöstlich im „Mühlhart" einer der größten Totenstädte (Nekropole) unserer Vorfahren im südbayerischen Raum liegt. Sie enthalten Bestattungen von der Bronze- bis zur Latènezeit. Der Rückweg führt auf Forstwegen zur verkehrsarmen Straße nach Etterschlag. Am Sportplatz an der B 12 vorbei geht es über Felder nach Walchstadt. Wir passieren eine Kiesgrube, wo man am Nordufer des trockengelegten Egelsees (wahrscheinlich) bronzezeitliche Siedlungsspuren fand. In Walchstadt fällt uns unweit der Kirche ein mächtiger Vierseithof ins Auge. Der Name „Schloßbauernhof" zeigt an, daß hier einst ein Schloß stand. Im Osterholz zwischen Walchstadt und Inning stoßen wir wieder auf eine Hügelgräbergruppe. Wer nach dieser Wanderung in die Frühzeit noch weitere Spuren unserer Vorfahren suchen möchte, wandere von Inning zum Stegerberg, wo 200 m südöstlich des alten Brauereigebäudes etwa 30 Gräber aus der Bronze- und Hallstattzeit liegen. Im Mischwald ist noch heute eine größere Anzahl von zum Teil angetrichterten Hügeln bis etwa 2 m Höhe erhalten.

32 **Wanderung:** Berg — Starnberg — Maisinger Schlucht — Aschering — Andechs — Herrsching — Dießen („König-Ludwig-Weg")

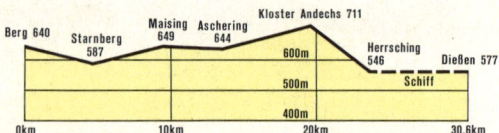

Ausgangspunkt: Votivkapelle in Berg
Parken: auf Parkplätzen in Seenähe
Höhenunterschied: 100 m
Wanderzeit: 7 Std.

Schwierigkeitsgrad: leicht
Einkehr: Gasthöfe in Berg, Starnberg, Maising, Andechs, Herrsching und Dießen

Tourenverlauf: Dieser Wandervorschlag beschreibt die Seeroute des König-Ludwig-Wegs in seinem Verlauf durch das Fünfseenland und ist mit dem gekrönten „K" markiert. In Herrsching besteht Möglichkeit zur Rückfahrt mit der S-Bahn. Wer jedoch in Herrsching das Schiff nach Dießen besteigt, tut dies sicherlich in der Absicht, den König-Ludwig-Weg über die Grenzen des Fünfseenlandes hinaus zu erwandern. Ausgangspunkt der Wanderung ist die Gedächtniskapelle für König Lud-

wig II. in Berg. Über Starnberg geht es weiter durch die idyllische Maisinger Schlucht, vorbei am geschützten Maisinger See und über die kuppige Grundmoränenlandschaft zum Kloster Andechs. Danach nimmt uns das wildromantische Kiental auf. Über die Höhlen in den uns begleitenden Nagelfluhfelsen wird so manche schaurige Geschichte erzählt. In Herrsching besteigen wir das Schiff nach Dießen, das in der Saison zweimal am frühen Vormittag, einmal am Mittag und viermal am Nachmittag verkehrt. Durch die reizvollen Handwerkerstraßen der Zinngießer und Töpfer in Dießen steigen wir auf zur Klosterkirche. Über die Künstlerkolonie St. Georgen streben wir dem geschichtsträchtigen Ort Wessobrunn zu.

Kloster Andechs

75

33 **Wanderung:** Pähl – Vorderfischen – Aidenried –
Hartschimmelhof – Kerschlach – Pähl

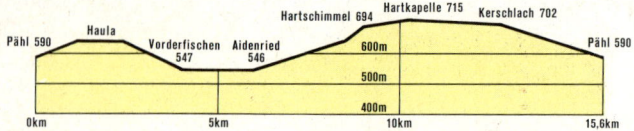

Ausgangspunkt: Pähl
Parken: bei der Kirche in Pähl
Höhenunterschied: 170 m
Wanderzeit: 3 1/2 Std.

Schwierigkeitsgrad: leicht, jedoch strecken-
weise weglos
Einkehr: Gasthöfe in Pähl, Gaststätte Aidenried (am Ammersee)

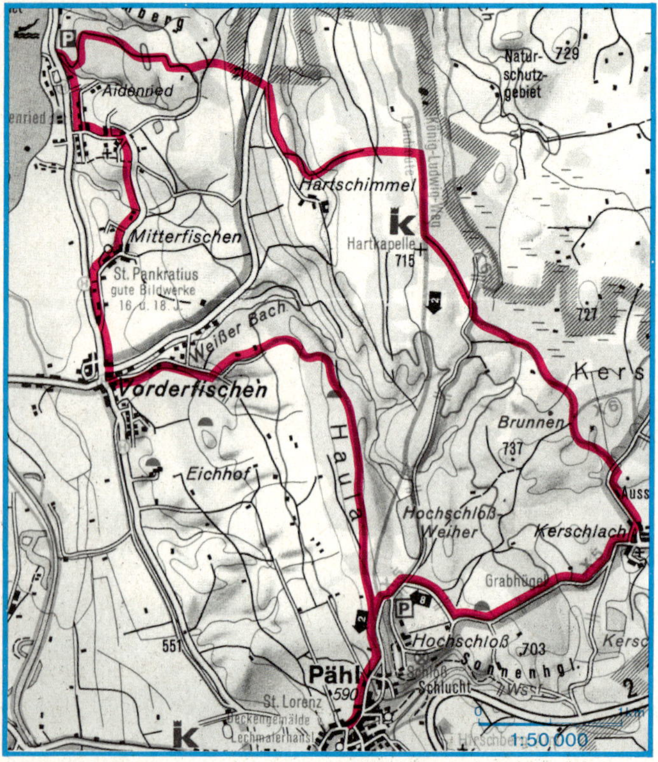

Tourenverlauf: Ausgangsort dieser archäologischen Wanderung ist
Pähl, die alte Hauptstadt der keltischen Belaunen. Nordwestlich der
Ortsmitte stoßen wir auf der Flur Eichhölzelwiesen oder Eichberg und

Wallfahrtskapelle in Sankt Alban

Batschenleich auf eine Vielzahl von Grabhügeln aus der Bronze-, Hall-
statt-, Latène- und römischen Kaiserzeit. Ebenfalls in der Flur Pähler
Haula, durch die unser Weg nach Vorderfischen führt. Am Pankratius-
kirchlein von Mitterfischen steht eine große Linde mit Totenbrettern.
An dieser Stelle saßen einst andechsische Ministeriale auf einer
Zwergburg, deren Wallanlagen noch gut im Gelände auszumachen
sind. Auf dem Weiterweg nach Aidenried berühren wir den Hunnen-
bühl, wo der Überlieferung nach die Burg der um 1200 ausgestorbe-
nen Grafen von Eschenlohe stand. Nördlich davon, bei Kilometerstein
34 an der Straße nach Herrsching, wurde am Trattgraben eine römische Villa freigelegt. Ein Fußweg schlängelt sich dort den Moränenwall
hinauf, ein kurzes Stück geht es weglos durch freies Gelände bis zur
Autostraße Andechs—Vorderfischen, von der jenseitig ein Wirtschaftsweg zum Hartschimmelhof hinaufführt. Am Gut gehen wir links
auf dem Wirtschaftsweg weiter zur Höhe hinauf und stoßen bei der
zweiten (!) Wegkreuzung auf den König-Ludwig-Weg. Nördlich der
Hartkapelle liegen auf der Flur Schleiferwiese bronzezeitliche Grabhügel. Bei der Kapelle, die zum Gedenken an einen hier 1653 ermordeten
Pähler Geistlichen ein Jahr nach der Mordtat errichtet wurde, gehen
wir links und stoßen auf einen mit X 6 markierten Wanderweg, dem wir
bis zum Benediktinerinnengut Kerschlach folgen. Im Gut halten wir uns
rechts und wandern auf dem Weg X 5 nach Pähl. Nördlich des Weges
liegen auf der Flur Römerhügel weitere Grabhügel, ebenfalls auf der
Flur Sonnenhügel nahe dem Hochschloß Pähl. Unterhalb des Hoch-
schlosses stand in der Mitte des Hanges das Schloß der Herren von
Theining, bevor es 1633 von den Schweden dem Erdboden gleichge-
macht wurde. Ein Abstecher in die nahe Pähler Schlucht (Wegweiser
im Ort) ist zu empfehlen.

34 **Wanderung:** Dießen – St. Georgen – Burgkapelle –
Schatzberg – Dießen

Ausgangspunkt: Dießen am Ammersee
Parken: Im Ortsbereich von Dießen, Park-
plätze in Seenähe oder bei der Klosterkirche
Höhenunterschied: 100 m
Wanderzeit: 2 Std.
Schwierigkeitsgrad: leicht
Einkehr: Gasthöfe in Dießen

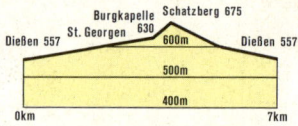

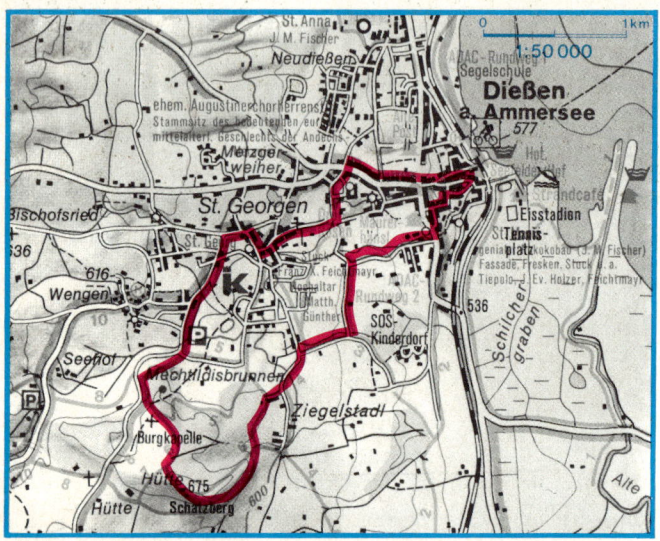

Tourenverlauf: Die einst mächtigen Grafen von Dießen, die dann später ihren Hauptsitz nach Andechs verlegten, haben deutliche Spuren
im Hinterland von Dießen hinterlassen. Sie zu suchen, gilt diese kurze
Wanderung. – Durch die malerische Handwerkerstraße steigen wir
hinauf zur Klosterkirche und folgen dem mit einem gekrönten „K" markierten König-Ludwig-Weg, bis linkerhand ein mit Nr. 5 und Nr. 6 ge-
kennzeichneter Wanderweg zum Burgberg mit der Burgkapelle abbiegt. Am Westhang dieses Berges sehen wir deutliche Spuren von
Wällen. Hier muß eine Vorburg der Sconenburg gestanden haben, zumindest dienten die Wälle als Fliehburg zum Schutz der Bevölkerung
vor Überfällen. An der Burgkapelle vorbei gehen wir weiter zum
Schatzberg. Hier stand die Sconenburg, der Stammsitz der Grafen von
Dießen. Deutlich sind die Wallanlagen im Gelände zu erkennen, hier
und da wird auch noch ein Tuffsteinbrocken sichtbar. Auf markierten
Wegen geht es zurück nach Dießen.

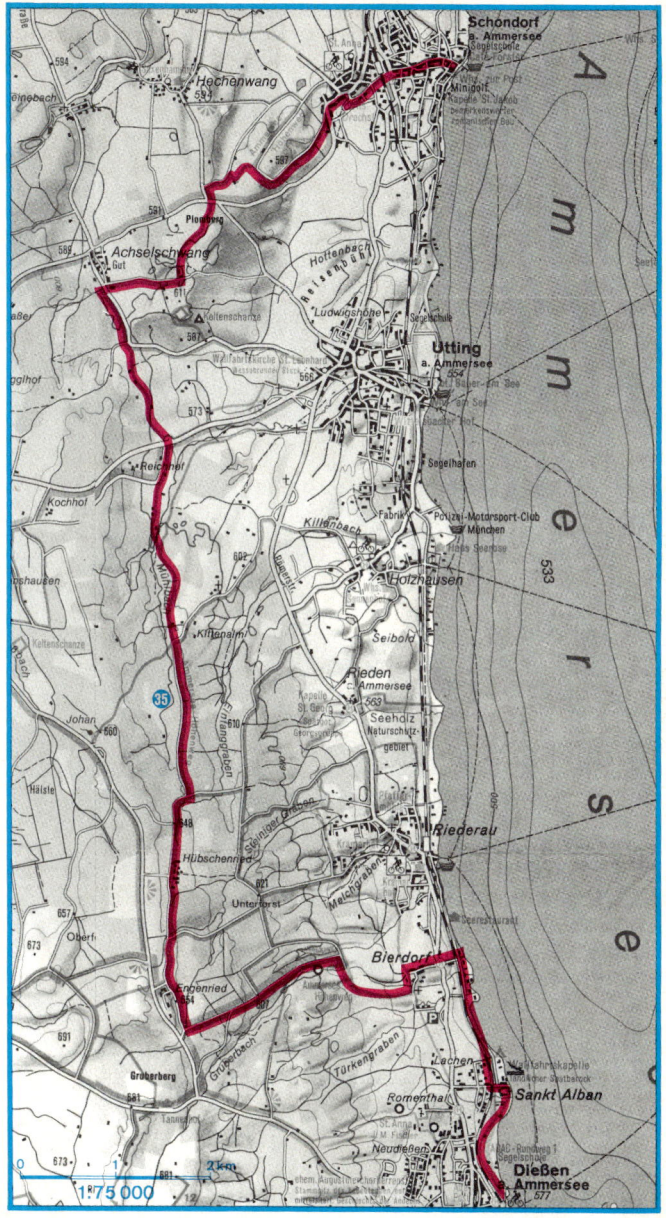

79

35 **Wanderung:** Dießen − St. Alban − Bierdorf − Engenried − Achselschwang − Schondorf („Ammersee-Höhenweg")

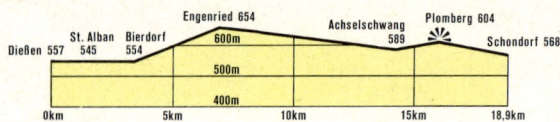

Ausgangspunkt: Dießen am Ammersee
Parken: in Seenähe
Höhenunterschied: 100 m
Wanderzeit: 5 Std.

Schwierigkeitsgrad: leicht
Einkehr: Gasthöfe in Dießen und Schondorf, Gutsgaststätte in Achselschwang

Tourenverlauf: Autofahrer parken in Dießen und fahren von Schondorf mit der Bahn oder dem Schiff zum Ausgangsort zurück. Benutzer öffentlicher Verkehrsmittel fahren mit der S-Bahn (von München) bis Herrsching und mit dem Schiff nach Dießen oder mit der Bahn (von Augsburg) nach Dießen. − Auf dem mit einem grünen Dreieck gut markierten Ammersee-Höhenweg wandern wir am Seeufer entlang nordwärts, vorbei an der Wallfahrtskapelle St. Alban, die auf den Resten einer noch heute sichtbaren Befestigungsanlage steht. Auf der Höhe von Bierdorf biegt der Weg scharf links ab und führt hinauf auf die Moränenhöhe. Vor Engenried knickt der Weg abermals rechtwinklig (rechts) ab und verläuft abwechslungsreich durch Wald, Felder und Wiesen auf der Höhe nach Norden. Im Pferdegestüt Achselschwang tut eine erfrischende Rast nach langer Wanderung gut. Über den Plomberg mit Aussichtspunkt geht es hinüber nach Schondorf zur Bahn nach Augsburg oder zum Schiff nach Herrsching. Autofahrer nehmen die Bahn oder das Schiff (über Herrsching) nach Dießen. Wer es sich aber zutraut, weitere drei Stunden zu wandern, kann gemütlich in Ufernähe ohne wesentliche Steigungen nach Dießen zurückgehen.

36 **Wanderung:** Utting − Keltenschanze − Holzhausen − Rieden − Riederau − Utting

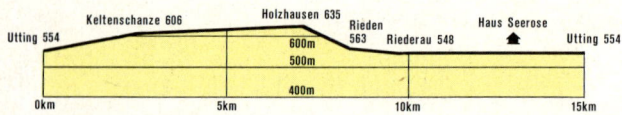

Ausgangspunkt: Utting am Ammersee
Parken: Autoabstellplatz in Nähe des Dampferstegs
Höhenunterschied: 30 m
Wanderzeit: 4 Std.

Schwierigkeitsgrad: schwierig, da zeitweise weglos
Einkehr: Gasthöfe in Utting und Riederau, Sonnenhof in Holzhausen

80

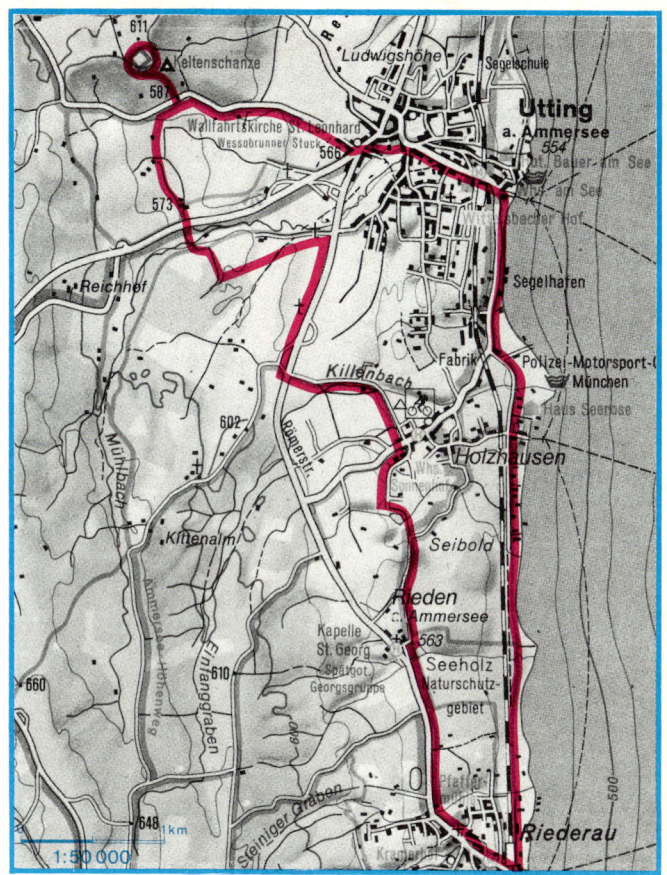

Tourenverlauf: Festes Schuhwerk empfiehlt sich für diese zeitweise weglose Tour, die zu Spuren aus Uttings Frühzeit führt. — Durch den Ort und an dem Leonhardkirchlein vorbei ersteigen wir den sanften Moränenrücken, auf dessen Kuppe, knapp zwei Kilometer hinter St. Leonhard, ein Weg rechts zur gut erhaltenen Keltenschanze führt. Die Torlücke liegt in der Mitte der Westseite der trapezförmigen Anlage. Etwa dreihundert Meter südlich der Schanze verläuft ein Teilstück der Römerstraße Garmisch — Augsburg als 7 m breiter und 40 cm hoher Damm. Folgen wir der direkten Verlängerung dieses Dammes nach Süden, stoßen wir jenseits des Mühlbaches auf einen weiteren Römerstraßendamm. Von hier aus gehen wir seewärts und stehen bald auf einem Bergsporn zwischen Mühlbach und Autostraße, dem „Schloßberg". Hier stand wohl einst eine Burg welfischer Ministerialen, die auf

St. Ulrich in Holzhausen am Ammersee

der Hofmark „Uttingen" saßen. An der Südwestseite des Burgstalls sind Grabenreste sichtbar. Gut einen Kilometer gehen wir auf der Autostraße nach Süden und biegen bei der Einmündung zweier Wirtschaftswege links ab. Der Kittenbach begleitet uns ein kurzes Stück auf dem Weg nach Holzhausen. Reizvoll die Lage des Ulrichskirchleins inmitten eines Höhenfriedhofs. Dicht neben der Kirche wurde ein unterirdischer Gang gefunden, wohl deutlichste Spur einer hier versunkenen Burg. Über Rieden, auf dessen Flur frühmittelalterliche Reihengräber freigelegt wurden, erreichen wir das Naturschutzgebiet Seeholz. In unmittelbarer Nachbarschaft wächst hier auf Streu- und Naßwiesen der stengellose Enzian. In Riederau nehmen wir das Schiff nach Herrsching zur S-Bahn oder wandern am Seeufer nach Utting.

37 **Wanderung:** Utting — Achselschwang — Schondorf

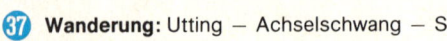

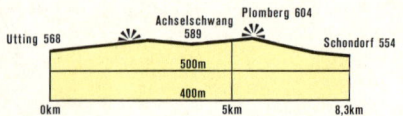

Ausgangspunkt: Utting am Ammersee
Parken: in Seenähe
Höhenunterschied: 50 m
Wanderzeit: 3 1/2 Std.

Schwierigkeitsgrad: leicht
Einkehr: Gasthöfe in Schondorf und Utting, Gutsgaststätte in Achselschwang

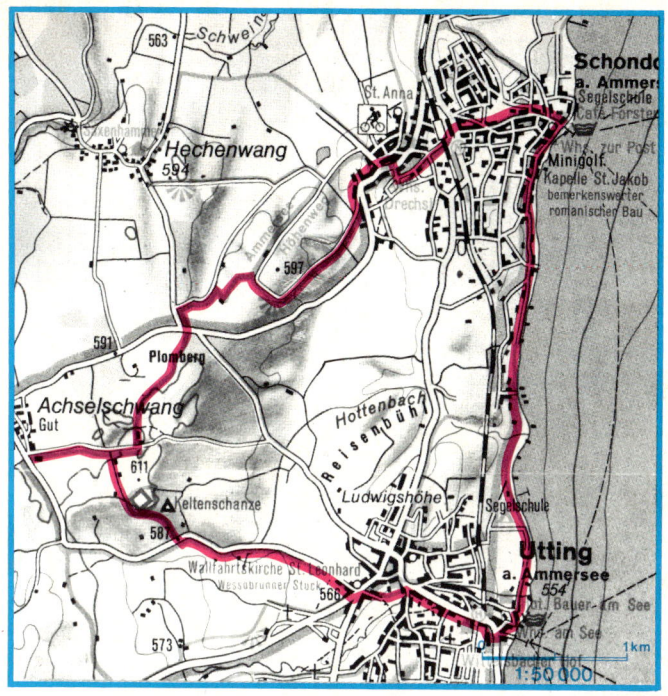

Tourenverlauf: Autofahrer parken auf dem großen Abstellplatz in Nähe des Dampferstegs in Utting. Benutzer öffentlicher Verkehrsmittel nehmen am besten die S-Bahn bis Herrsching und fahren dann mit dem Schiff nach Utting. Vom Dampfersteg geht es quer durch den Ort hinauf zum Wallfahrtskirchlein St. Leonhard am westlichen Ortsausgang von Utting. Geradeaus wandern wir weiter ins Hinterland und genießen den Blick über den Ammersee. Auf der Höhe des Feldweges zweigt rechts ein Weg zur Keltenschanze ab. Seit den Erkenntnissen, die bei Grabungen in den Keltenschanzen von Holzhausen bei Dingharting unweit des Starnberger Sees gewonnen wurde, weiß man, daß Schanzen dieser Art nicht der Zuflucht, sondern kultischen Handlungen dienten. An der gut erhaltenen Schanze vorbei wandern wir weiter zum Gut Achselschwang, bekannt für seine internationalen Military-Wettbewerbe. Von Achselschwang gehen wir ein Stück zurück und bleiben bis Schondorf auf dem mit einem grünen Dreieck markierten Ammersee-Höhenweg. Von einem Ausläufer des Plombergs bietet sich bei Höhe 597 noch einmal ein herrlicher Ausblick. In Schondorf gelangen wir auf Ortsstraßen zum See, nehmen dort das Schiff zurück nach Utting oder (für S-Bahnfahrer) gleich nach Herrsching.

Wanderung: Rund um den Haarsee

Ausgangspunkt: Haarsee
Parken: am Forsthaus oder am Badegelände
Höhenunterschied: 20 m
Wanderzeit: 1 – 1 1/2 Std.
Schwierigkeitsgrad: leicht
Einkehr: Forsthaus am Haarsee

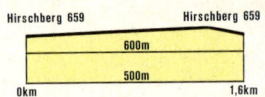

Tourenverlauf: Der idyllisch gelegene Haarsee ist über die Staatsstraße Weilheim — Seeshaupt mit zwei Zufahrten zwischen Marnbach und Magnetsried zu erreichen. An wenigen Stellen leicht verwurzelt ist der kürzere Weg, der unter Beachtung der Schutzgebiete direkt um den See führt. Will man den etwas längeren, nicht unbedingt schöneren Weg gehen, so wähle man den Weg, der über das Badegelände (in Privatbesitz, gebührenpflichtig) läuft und nach Süden zum Wald hinaufführt. Hinter dem kurzen Waldstück geht man rechts am Waldrand entlang. Schloß Hirschberg, heute Sitz einer Bundesbehörde, wird in einem engen Bogen umlaufen. Unter Alleebäumen geht es zurück zum Auto.

39 Wanderung: : Hardtkapelle — Bauerbach — Holzmühle — Jenhausen — Magnetsried — NSG Magnetsrieder Hardt — Hardtkapelle

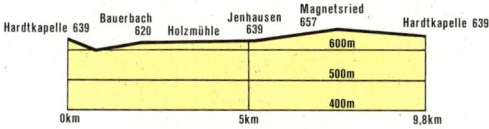

Ausgangspunkt: Hardtkapelle
Parken: an der Hardtkapelle
Höhenunterschied: 70 m
Wanderzeit: 3 1/2 Std.

Schwierigkeitsgrad: leicht, im NSG Magnetsrieder Hardt stellenweise morastig
Einkehr: Gasthof Steidl in Bauerbach, Ressl in Jenhausen, Zur Quelle in Magnetsried

Tourenverlauf: An der neugotischen Hardtkapelle (1891), einem Wallfahrtskirchlein, stellen wir das Auto ab und gehen über den Kreuzweg und durch das Grünbachtal über verkehrsarme Straße nach Bauerbach. Auf der Höhe geht es dann noch ein kurzes Stück auf der Straße südwärts, bis wir beim Wieser rechts in ein langgezogenes Tal einbiegen. Die anmutige Landschaft stört eigentlich nur die Hochspannungsleitung. Nur wer vom Dorfkirchlein in Jenhausen die Aussicht übers Land genießen möchte oder einkehren will, wende sich bergwärts nach Jenhausen hinauf. Andernfalls bleiben wir an der Weggabelung hinter der Holzmühle rechts und wandern an der Hübschmühle vorbei nach Magnetsried. Bei der dortigen Kirche gehen wir rechts zum Hohenberger Hügel (669 m) hinauf und betreten dahinter das Naturschutzgebiet Magnetsrieder Hardt. Der Wechsel von feuchten Streuwiesen und trockenen Heidewiesen macht den Hardt ungemein reizvoll. Leider schreitet die natürliche Sukzession auf den wertvollen Streuwiesen fort, auch fallen trockene Standorte infolge unrentabler Nutzung brach, so daß die Einmaligkeit dieses Landschaftsausschnitts gefährdet ist. Auf nicht immer trockenem Pfad kehren wir durch das Niedermoor zum Parkplatz an der Hardtkapelle zurück.

Maibaumaufstellen in Etterschlag

40 **Wanderung:** Deutenhausen — Etting — Eberfing — Marnbach — Deutenhausen

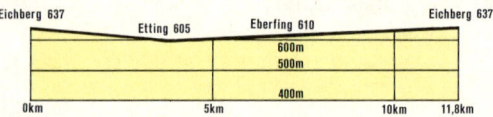

Eichberg 637		Eichberg 637
Etting 605	Eberfing 610	
	600m	
	500m	
	400m	
0km	5km	10km 11,8km

Ausgangspunkt: Eichberg bei Deutenhausen (sö Weilheim)
Parken: Wanderparkplatz am Eichberg
Höhenunterschied: 10 m
Wanderzeit: 4 Std.

Schwierigkeitsgrad: leicht
Einkehr: Gasthof Zum grünen Baum in Etting, Waldherr und Zur Post in Eberfing, Zum Gemeindehaus in Marnbach, Zum Goldenen Stern in Deutenhausen

Tourenverlauf: „Eberfinger Drumlinfeld" ist ein feststehender Begriff für die eiszeitliche Erscheinungsform stromlinienförmiger, aus Grundmoränen bestehender Hügel (Drumlins), die in Zugrichtung des Gletschers gestaffelt, so wie sie abgelagert wurden, angeordnet sind. Nordöstlich von Eberfing erstreckt sich dieses Drumlinfeld über 12 km Länge von Wilzhofen bis zu den Osterseen. Vom Wanderparkplatz am Eichberg südlich Deutenhausen wandern wir gradlinig durch den Wald

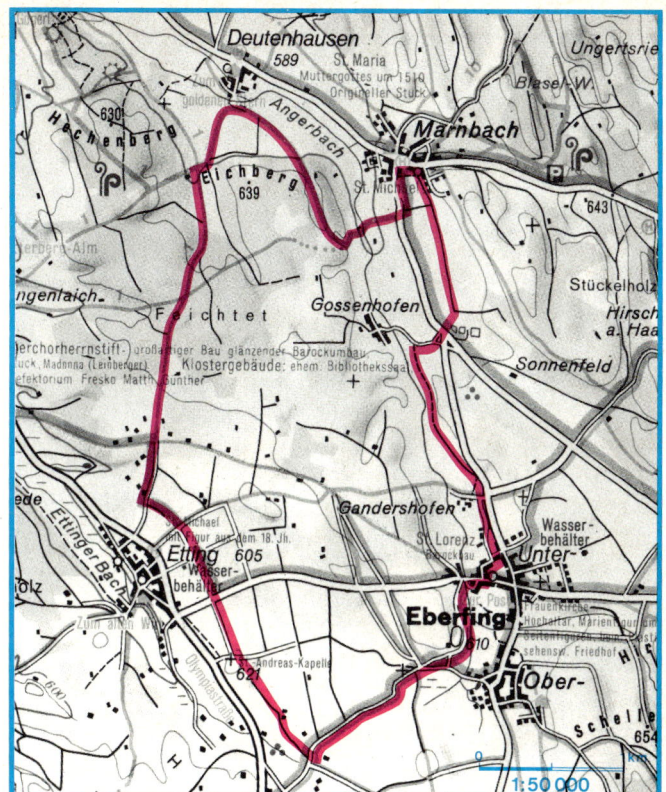

nach Süden. Kurz vor Etting biegen wir links in einen Weg ein und wandern parallel zur Olympiastraße hinüber zur lindenbeschatteten Barockkapelle St. Andrä. Im Wiesengelände 650 m südöstlich der Kapelle liegt eine bronze- und hallstattzeitliche Grabhügelgruppe am Ostufer des Ettinger Baches. Die Grabhügelgruppe unmittelbar westlich der Kapelle auf der Flur „Andreasfeld" ist heute vollständig zerstört. Auf gutem Weg geht es weiter nach Eberfing. Auf dem Achberg, etwa 625 m nördlich vom Eberfinger Ortsteil Gandershofen, gibt es Spuren einer einst ausgedehnten Hügelgräbergruppe. Dorthin gelangen wir von dem parallel zur Straße nach Marnbach verlaufenden Pfad weglos. An der Straßengabelung bei Gossenhofen müssen wir uns ebenfalls ein kurzes Stück einen Weg suchen, um östlich der Autostraße auf geruhsamem Feldweg nach Marnbach zu gelangen. Etwa 500 m südöstlich der Michaelskirche von Marnbach liegen Hügelgräber und ein Burgstall. Über den Prälatenweg (mit einem Krummstab markiert) erreichen wir über Deutenhausen unseren Ausgangspunkt, den Eichberg.

(Bild S. 88/89: Am Weßlinger See)

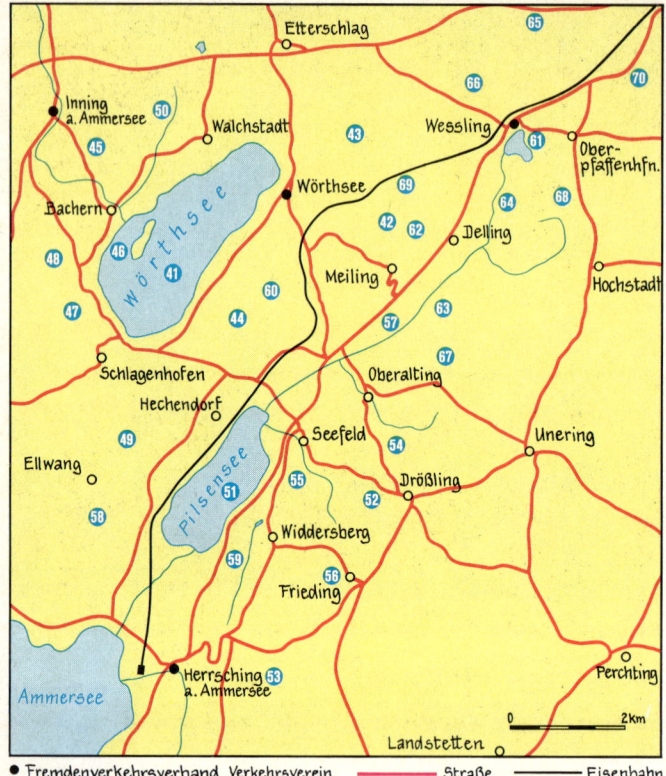

- Fremdenverkehrsverband, Verkehrsverein   — Straße   — Eisenbahn
- 50 Lage der beschriebenen Wanderwege

Ortsbeschreibungen

SEEFELD

Gde., Lkr. Starnberg, Einw.: 5600, Höhe 540 m, Postltz.: D-8031. **Auskunft:** Gemeindeverwaltung in Oberalting. **Bahnstation:** Seefeld-Hechendorf (1,5 km) (S-Bahn). **Busverbindung:** Ringlinie Wörthsee, Meiling und Oberalting.

Seefeld ist ein sehr alter Herrensitz. Um 1350 erlischt das Geschlecht der Seefelder und seit 1472 sind die Grafen Törring die Besitzer. Die Gemeinde ist beliebtes Ziel des Münchner Ausflugsverkehrs.

Sehenswert im Ort und im Gemeindegebiet
Schloß Seefeld auf freistehendem Hügel erreicht man über eine steinerne Schloßbrücke, die eine tiefe Schlucht überspannt. Die Burg der Herren von Seefeld (Beziehung zu Seefeld in Tirol) wird 1150 erwähnt und geht 1472 an die Törring über. Der Schloßturm stammt aus dem 12. Jh., die übrigen um

die zwei Höfe gruppierten Bauteile sind spätgotisch und barock, der Torbau wurde 1732 errichtet. **Oberalting.** Pfarrk. St. Peter u. Paul. Spätgot. A. 16. Jh. Umbau 1630, mit stattl. Zwiebelturm. Im Hochaltar Gemälde 1664 von Joachim v. Sandrart. Grabmäler der Toerring. − Mariensäule von 1873. **Delling.** Kapelle St. Georg von 1775 mit Einrichtung von Franz Xav. Schmädl. − Eichenallee (eine der größten Deutschlands) E. 18. Jh. von Graf Anton v. Toerring angelegt. **Drößling.** Pfarrk. Mariä Himmelfahrt. Umbau 1687 von Martin Gunezrhainer, im Hochaltar Madonna von 1480. **Hechendorf a. Pilsensee.** Pfarrk. St. Michael um 1772 erbaut mit Turm aus dem 13. Jh., Rokokoausstattung. **Meiling.** Filialk. St. Margaretha. Bau vom 16. Jh. und im 18. Jh. verändert. Kanzel u. Einzelfiguren von Lorenz Luidl um 1690. **Unering.** Filialk. St. Martin („Fünf-Hansen-Kirche") von 1731. Am Bau beteiligt Joh. Mich. Fischer und Joh. Bapt. Zimmermann. Hervorragende Rokokoausstattung.

WESSLING

Gde., Lkr. Starnberg, Einw.: 4050, Höhe 596 m, Postltz.: D-8031. **Auskunft:** Gemeindeverwaltung u. Verkehrsverein. **Bahnstation:** Weßling (S-Bahn). **Busverbindung:** nach Gilching-Argelsried, Landsberg a. L. und Starnberg.

Der Ort umzieht die Nord- und Westseite des kleinen idyllisch gelegenen Weßlinger Sees. Aus der Geschichte Weßlings ist wenig bekannt. Sichere Nachrichten sind erst aus dem 12./13. Jh. erhalten, wo eine Mechtildis „Dorfmaisterin de Wezzelingen" erwähnt wird.

Sehenswert im Ort und im Gemeindegebiet
Alte Pfarrk. Mariä Himmelfahrt. Heutiger Bau von 1766 mit zierlich neubarockem Hochaltar um 1900. − Pfarrk. Christkönig mit der charakteristischen Zwiebelkuppel, durch Thom. Wechs 1938/39 erbaut. Monumentales spätgot. Kreuz um 1510 am Hochaltar. **Grünsink.** Wallfahrtsk. Maria-Hilf in der „grünen Senke", 1763 geweiht. Rokokoaltar mit Gnadenbild des 17. Jh. (nach Lukas Cranach). Alljährl. am letzten Sonntag im Juli und am Sonntag nach Mariä Himmelfahrt (15. Aug.) findet hier ein Wallfahrtsfest statt. **Hochstadt.** Kirche St. Jakobus auf rom. Grundmauern. 1698 barock umgestaltet. Der Hochaltar 1750 erworben. **Oberpfaffenhofen.** Kirche St. Georg. Vom 1455 geweihten Bau nur Turm mit Altarraum erhalten.

WÖRTHSEE

Gde., Lkr. Starnberg, Einw.: 4050, Höhe 581 m, Postltz.: D-8031. **Auskunft:** Gemeindeverwaltung in Steinebach a. W. **Bahnstation:** Steinebach. (S-Bahn) **Busverbindung:** Ringlinie Wörthsee und Meiling.

Durch den Zusammenschluß der ehem. Gemeinden Etterschlag und Steinebach a. W. wurde bei der Gebietsreform 1972 die Gemeinde Wörthsee, mit dem Sitz in Steinebach a. Wörthsee, gebildet. Steinebach schmiegt sich in weit aufgelockerter Bebauung um das Nordostufer des Wörthsees, der als der wärmste See des Fünfseengebietes gilt.

Sehenswert im Gemeindegebiet
Steinebach a. W. Ehem. Pfarrk. St. Martin, um 1735 völlig verändert. Gute und schöne Einrichtung dieser Zeit. − Neue Pfarrk. „Zum Hl. Abendmahl" von 1962/64. **Etterschlag** wird schon im 8. Jh. erwähnt. Das Nikolauskirchlein wurde 1758 erbaut. **Walchstadt.** Kapelle St. Martin. Umbau 1760. − Stattl. Hof (Schloßbauer) an Stelle des 1687 abgetragenen Schlosses.

Wanderungen im Gebiet des Wörthsees

41 **Wanderung:** Rund um den Wörthsee

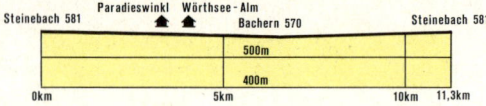

Ausgangspunkt: S-Bahnhof Steinebach
Parken: am S-Bahnhof in Steinebach
Höhenunterschied: 30 m
Wanderzeit: 4 Std. 2½ Std!

Schwierigkeitsgrad: leicht, zwischen Bachern und Walchstadt stellenweise morastig
Einkehr: Wörthsee-Alm in Schlagenhofen, Mutz in Bachern

Tourenverlauf: Vom S-Bahnhof Steinebach führt ein Fußweg direkt zum Wörthsee. Dort angelangt, wenden wir uns nach Süden. Die vor uns liegende Wanderung verläuft weitgehend auf dem markierten Kreiswanderweg Nr. 4 (auf gelbem Pfeil). Das 11 km lange Seeufer ist nur auf zweieinhalb Kilometern frei zugänglich, gut 8 km sind wegen privater Nutzung und 300 m aus ökologischen Gründen nicht betretbar. Doch das grünklare Wasser des Sees verliert man während der gesamten Wanderung nur selten aus den Augen. Im Bereich des südlichen Ufers muß für wenige hundert Meter zuerst ein Fuß-/Radweg, dann die Straße benutzt werden, bevor das in der Badesaison gut besuchte Erholungsgebiet Oberndorf in Ufernähe überquert wird. Gleich dahinter erfordert ein schmaler Bachlauf etwas Trittsicherheit, da man nur auf Steinen und Ästen trockenen Fußes über das Rinnsal gelangt. Etwa 200 m hinter dem Campingplatz in Bachern zweigt der Weg rechts ab. Am Bach entlang geht es auf leicht schwankendem Moorboden in eine idyllische Talaue, die in Regenzeiten festes Schuhwerk erfordert. Durch eine Wochenendsiedlung erreichen wir eine Teerstraße, der wir rechts zum See folgen. Kurz vor Einmündung der langgezogenen Schotterstraße in die Autostraße biegen wir rechts ab und wandern auf der Uferstraße durch Steinebach zurück zum S-Bahnhof.

Optische Sturmwarnung an den großen Seen
Vorwarnung: 35 Blinkzeichen pro Minute
Sturmwarnung: 90 Blinkzeichen pro Minute

---

42 **Wanderung:** Weßling — Meilinger Höhe — Meiling — Auing — Steinebach

Ausgangspunkt: S-Bahnhof Weßling
Parken: am S-Bahnhof in Weßling
Höhenunterschied: 40 m
Wanderzeit: 2 1/2 Std.
Schwierigkeitsgrad: leicht
Einkehr: Sepperlwirt in Meiling, Gasthof Dietrich in Auing, Gasthöfe in Steinebach und Weßling

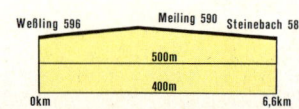

Tourenverlauf: Vom S-Bahnhof Weßling gehen wir zum Weßlinger See. Am Ende der westlichen Uferpromenade queren wir die Staatsstraße nach Herrsching und wandern am Sportgelände vorbei zum Wald. Rechterhand begleiten uns die S-Bahn-Gleise. Das Gelände steigt an. Auf der Kuppe des Weges biegen wir auf der zweiten Forststraße links zur Meilinger Höhe ein. Droben am Waldrand steht der „Rauscherstein", eine Tuffsäule zum Gedenken an einen im Ersten Weltkrieg vor Verdun gefallenen Offizier. Beim Sepperlwirt führt gradlinig ein langgezogener Weg über Felder und Wiesen nach Südwesten, stets mit schönem Blick über das Pilsenseegebiet. An seinem Ende verliert sich der Weg etwas auf überwachsenen Feldwegen. Wir halten uns rechts und gelangen bald auf die Straße nach Auing. Dort wurde Ende des vorigen Jahrhunderts in einer Kiesgrube am Hasenbichl ein bajuwarisches Reihengräberfeld mit reichhaltigen Grabbeigaben freigelegt. Hinter der Bahnunterführung führt rechts ein Weg zum S-Bahnhof Steinebach.

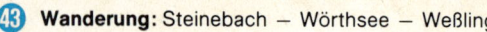

43 **Wanderung:** Steinebach – Wörthsee – Weßling

Ausgangspunkt: S-Bahnhof Steinebach
Parken: am S-Bahnhof Steinebach
Höhenunterschied: 30 m
Wanderzeit: 2 1/2 Std.
Schwierigkeitsgrad: leicht
Einkehr: Gasthöfe in Steinebach und
Weßling

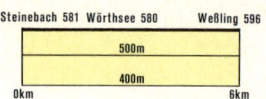

Tourenverlauf: Vom S-Bahnhof Steinebach gehen wir Richtung Martinskirche. Hinter der Kirche schiebt sich der Sporn des Burgselberges (Burgstallberg) bis an die Straße heran. Auf seiner Kuppe stand die Burg der Herren von Steinebach, die Ministerialen der Grafen von Andechs waren. Die Wallanlagen sind noch gut erkennbar. Bis zum Gasthof Wörthseeblick wandern wir am Seeufer entlang und biegen dann rechts ein. Jenseits der querenden Autostraße wandern wir auf dem Weg zum Golfplatz Schluifeld weiter. Auf dem Sattel zwischen dem ehemaligen Schluifelder See und dem Wörthsee fand man 1949 in einer Kiesgrube Siedlungsreste (Wohngruben) aus der Latènezeit. Auf halbem Weg nach Schluifeld biegen wir rechts zum Wald ab und sehen nach kurzer Wanderung unter schattigen Bäumen bald Weßling vor uns liegen. Wir gehen nicht den direkten Weg über die Felder, sondern wandern links über welliges Gelände am Waldrand entlang zum S-Bahnhof Weßling.

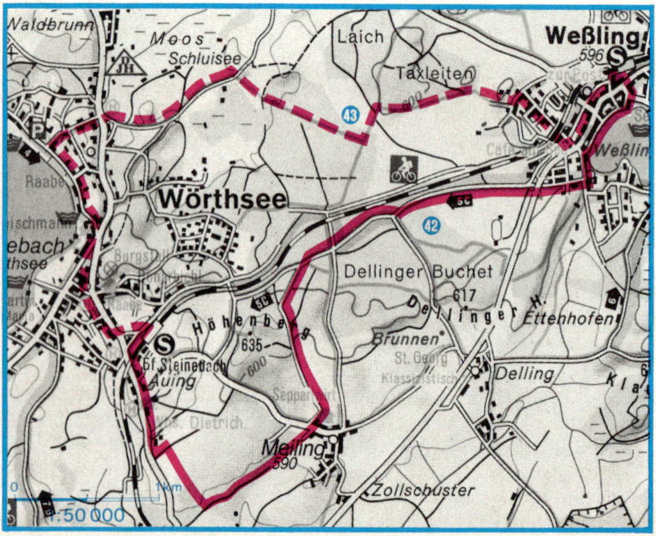

44 **Wanderung:** Steinebach – Schlagenhofen – Hechendorf – Steinebach

Steinebach 581		Paradieswinkl Wörthsee-Alm Schlagenhofen	Hechendorf 564 Güntering 570	Steinebach 581
		500m		
		400m		
0km		5km	10km	11km

Ausgangspunkt: S-Bahnhof Steinebach
Parken: am S-Bahnhof Steinebach
Höhenunterschied: 25 m
Wanderzeit: 3 Std.
Schwierigkeitsgrad: leicht

Einkehr: Gasthöfe Paradieswinkel, Wörthsee und Wörthsee-Alm in Schlagenhofen; Alter Wirt, Pilsenhof und Fontanina in Hechendorf, Raabe in Steinebach

![Map showing the hiking route from Steinebach around the Wörthsee via Schlagenhofen and Hechendorf]

Tourenverlauf: Vom S-Bahnhof in Steinebach führt ein Fußweg direkt zum Wörthsee, an dessen Ufer wir links entlang wandern. Da das Wörthseeufer weitgehend in Privathand liegt, entfernt sich dieser Weg immer weiter vom Ufer, bleibt aber auf Sichtweite. Bis Schlagenhofen-Weich orientieren wir uns an der Wegemarkierung Nr. 4 (Kreiswanderweg) auf gelbem Pfeil. Auf Höhe des Campingplatzes queren wir die Straße und gehen auf einer Anliegerstraße (mit schönem Blick über den Wörthsee) nach Schlagenhofen, wo wir bei den letzten Häusern am Ortsausgang nach Breitbrunn auf den Fahrweg links nach Hechendorf einbiegen. Dort gehen wir an der Kirche vorbei durch den Ort und wandern ab Güntering auf dem Kreiswanderweg 7B nach Steinebach.

Wanderung: Bachern — Inning — Bachern

Ausgangspunkt: Bachern am Wörthsee
Parken: gegenüber Gasthof Mutz in Bachern
Höhenunterschied: 30 m
Wanderzeit: 2 Std.
Schwierigkeitsgrad: leicht
Einkehr: Gasthof Mutz in Bachern, Gasthöfe
in Inning

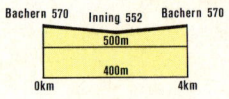

Tourenverlauf: Vom Parkplatz steigt die Straße zum Wald hinauf an. Am Ortsausgang zweigt links ein breiter Forstweg von der Autostraße ab, auf dem wir in einem Bogen am Fuße des Kühbergs entlang wandern. Bei der großen Forststraße, die links vom Kühberg herabführt, biegen wir rechts in die Wiesen ein. Auf der waldfreien Fläche des Enzenhofener Feldes lag einst zwischen Inning und Bachern eine längst abgegangene Siedlung. Über den Schmauzbühl erreichen wir Inning. Sobald wir auf die Straße nach Bachern treffen, biegen wir in den Kreiswanderweg 4A ein, der uns zum Osterholz bringt. Dort liegen am Wege vorzeitliche Hügelgräber. Auf halbem Wege durch das Osterholz zweigt rechts der Kreiswanderweg 4 ab, dem wir zurück nach Bachern folgen.

 Wanderung: Bachern — Insel Wörth — Bachern

Ausgangspunkt: Bachern am Wörthsee
Parken: gegenüber Gasthof Mutz
Höhenunterschied: keiner
Wanderzeit: 1 1/2 Std.
Schwierigkeitsgrad: leicht (im Schilfbereich
morastig)
Einkehr: Gasthof Mutz in Bachern

Tourenverlauf: Vom Parkplatz führen verschlungene, nicht immer trockene Wege durch den Schilfgürtel zum Wörthsee. Doch empfiehlt es sich, diese Tour eigenhändig mit dem Ruder- oder Tretboot durchzuführen. Ein Bootsverleih ist direkt am Parkplatz. Auf einem Wasserarm, über den auch Segelboote ihre Liegeplätze erreichen, fahren wir durch Schilf hinaus auf den See. Vor uns die sagenumwobene Insel Wörth, früher auch Mausinsel genannt. Die Insel ist seit Jahrhunderten in Privatbesitz und kann nicht betreten werden. Das alte Schloß aus dem Jahr 1443 wurde 1770 abgerissen und durch ein Barockschloß ersetzt. Wir umfahren mit unserem Boot die stille Insel und gelangen über den Kanal zum Liegeplatz zurück.

 Wanderung: Bachern — Breitbrunn — Schlagenhofen — Bachern

Ausgangspunkt: Erholungsgebiet Oberndorf
am Wörthsee
Parken: auf dem Großparkplatz des Erholungsgebietes Oberndorf
Höhenunterschied: 30 m
Wanderzeit: 2 Std.
Schwierigkeitsgrad: leicht
Einkehr: Seefelder Hof in Breitbrunn

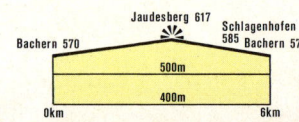

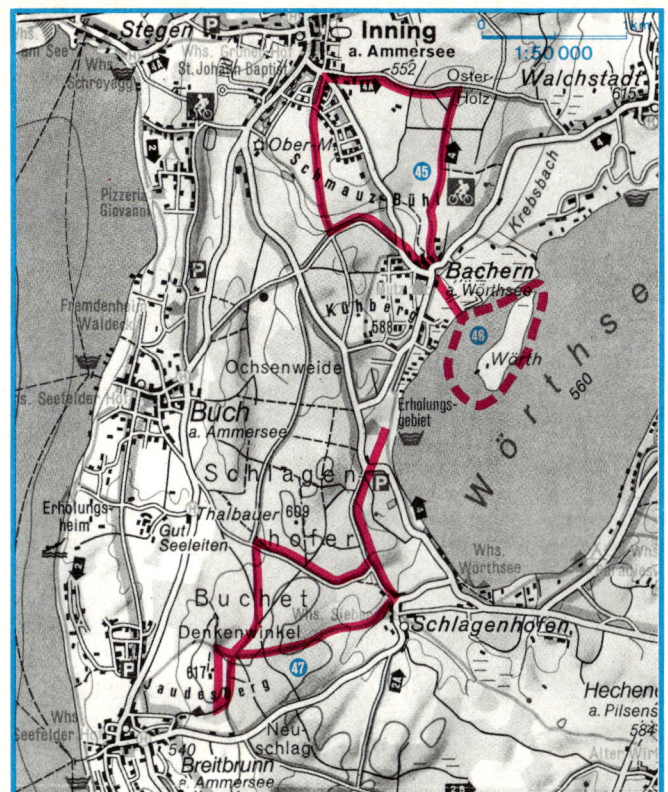

Tourenverlauf: Ein Badeaufenthalt am Wörthsee läßt sich gut mit einem Wanderausflug zum Ammersee verbinden. In der Straßenkurve am Erholungsgebiet Oberndorf führt ein breiter Wirtschaftsweg geradlinig nach Süden. Nur wenige Meter nach dem Waldausgang mit Blick auf Schlagenhofen zweigt rechts ein ungeteerter Fahrweg nach Buch ab. Nach etwa einem Kilometer gehen wir links auf einem Forstweg weiter und steigen an der ersten großen Wegkreuzung rechts zum Jaudesberg über Breitbrunn hinauf. Hier oben, wo früher nach alter Tradition der Judas verbrannt wurde, hielt sich gern König Ludwig I. von Bayern auf (der Volksmund nennt den Jaudesberg daher auch Königshügel), um den weiten Blick über Ammersee und Alpenvorland zu genießen. Jenseits des Aussichtsberges gehen wir links auf einem Forstweg zu der Wegkreuzung zurück, wo wir rechts auf einem etwas unebenen Waldweg in Richtung Wörthsee wandern, der bald in seiner ganzen Schönheit vor uns liegt. Über eine weglose Wiese und Feldweg gehen wir über Schlagenhofen zum Ausgangsort.

Wanderung: Bachern — Buch — Schlagenhofen — Bachern

Ausgangspunkt: Bachern am Wörthsee
Parken: am Gasthof Mutz in Bachern
Höhenunterschied: 40 m
Wanderzeit: 3 Std.
Schwierigkeitsgrad: leicht
Einkehr: Gasthof Mutz in Bachern

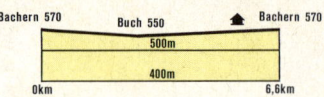

Tourenverlauf: Vom Parkplatz am Gasthof Mutz in Bachern steigt die Straße bis zum Wald ziemlich steil an. Oben am Ortsausgang nach Inning wandern wir links auf der breiten Forststraße um den Kühberg, queren die Autostraße und wandern leicht bergauf zum gegenüberliegenden Wald hinauf. Dort fällt der Forstweg bald nach Buch ab. Auf Höhe des Friedhofs queren wir die Staatsstraße Inning — Herrsching und gehen durch Buch am Maibaum vorbei auf diese Staatsstraße wieder zurück. Jenseits beginnt eine ungeteerte Fahrstraße nach Schlagenhofen. Auf diesem Weg durch den Schlagenhofener Wald begegnet uns nur sehr selten ein Auto. Vor Schlagenhofen halten wir uns auf dem querenden Wirtschaftsweg links, gehen durch ein Waldstück und stehen bald vor dem Erholungsgebiet Oberndorf am Wörthsee. Wir wandern quer über das Badegelände, überschreiten in Ufernähe ein kleines Rinnsal und gelangen auf ruhigen Ortsstraßen nach Bachern.

49 **Wanderung:** Schlagenhofen — Hechendorf — Ellwang — Schlagenhofen

Ausgangspunkt: Schlagenhofen
Parken: an der Wörthsee-Alm
Höhenunterschied: 20 m
Wanderzeit: 2 1/2 Std.
Schwierigkeitsgrad: leicht
Einkehr: Wörthsee-Alm in Schlagenhofen,
Alter Wirt und Pilsenhof in Hechendorf

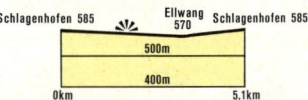

Tourenverlauf: Man kann gleich hinter der Wörthsee-Alm (Südtiroler Küche!) seinen Weg durch mitunter wegloses Wiesengelände hinüber zum Wirtschaftsweg nach Hechendorf suchen. Sicherer jedoch ist es, über die Anliegerstraße (verkehrsarm) mit Blick über den Wörthsee nach Schlagenhofen zu gehen und dort bei den letzten Häusern am Ortsausgang nach Breitbrunn links auf dem Fahrweg nach Hechendorf zu wandern. Oberhalb von Hechendorf stoßen wir auf eine Baumgruppe (schöner Blick auf Kloster Andechs), bei der wir rechts zum Wald abbiegen. Im Wald gelangen wir bald an eine Weggabelung, der linke Weg bringt uns nach Ellwang, einem idyllisch gelegenen Weiler. Dort gehen wir auf dem Kreiswanderweg 2A nach Schlagenhofen.

50 **Wanderung:** Walchstadt — Bachern — Walchstadt

Ausgangspunkt: Walchstadt
Parken: im Ortsbereich von Walchstadt
Höhenunterschied: 20 m
Wanderzeit: 2 Std.
Schwierigkeitsgrad: leicht
Einkehr: Gasthof Mutz in Bachern

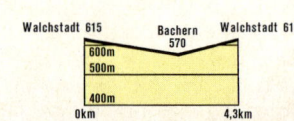

Tourenverlauf: Am Schloßbauernhof (Vierseithof) in Walchstadt vorbei gehen wir ein Stück auf der Fahrstraße nach Bachern und biegen an den letzten Häusern rechts (Kreiswanderweg 4) zum Osterholz ein. Im Wald eine Reihe von Hügelgräbern. Bald biegt der Weg Nr. 4 links nach Bachern ab. Auf Höhe des privaten Campingplatzes in Bachern gehen wir ein Stück links auf der Autostraße und biegen nach gut 100 m rechts in die Wiesen ein. Am Bachlauf dann links durch mooriges Gelände und eine anmutige Talaue. Jenseitig bei den ersten Wochenendhäusern steigt das Gelände an. Auf Schotterstraßen erreichen wir die Teerstraße zum See, auf der wir links nach Walchstadt zurückgehen.

Wanderungen im Gebiet des Pilsensees

51 **Wanderung:** Rund um den Pilsensee

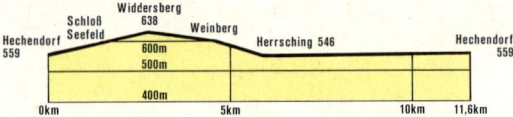

Ausgangspunkt: S-Bahnhof Seefeld—Hechendorf
Parken: am S-Bahnhof Seefeld—Hechendorf
Höhenunterschied: 100 m
Wanderzeit: 4 1/2 Std.

Schwierigkeitsgrad: leicht, bei Regen etwas morastig
Einkehr: Schloßbräustüberl in Seefeld, Wilder Hund in Widdersberg, mehrere Gasthöfe in Herrsching und Hechendorf

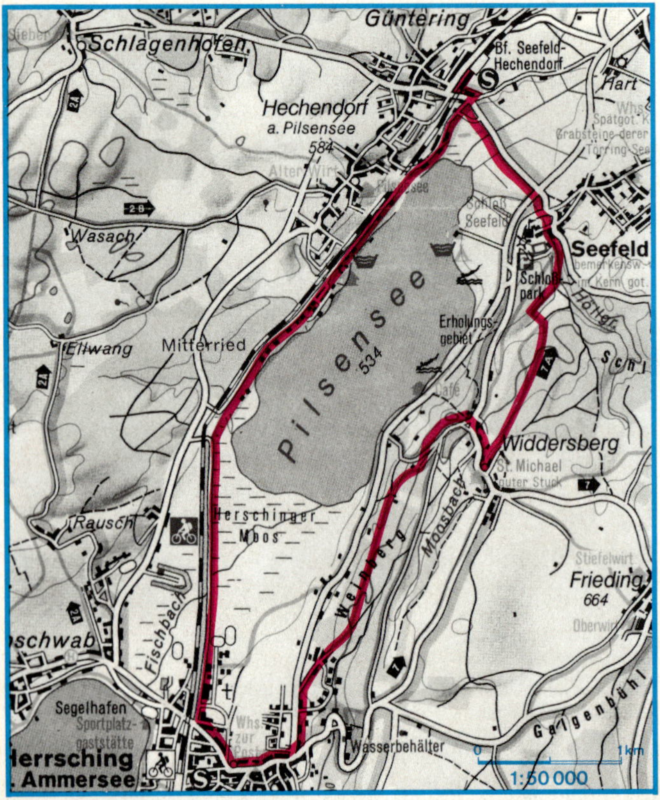

Hechendorf

Tourenverlauf: Auf kombiniertem Fuß-/Radweg wandern wir vom S-Bahnhof in Hechendorf zum Toerringschen Schloß in Seefeld. Gleich links hinter dem Schloßportal führt ein Weg abwärts zum Bachgrund. Dem besonders im Frühling und Herbst idyllischen Bachlauf folgen wir auf seiner rechten Seite, bis der Weg über Wiesen in die Autostraße mündet. Am Widdersberger Weiher vorbei durchqueren wir den Weinberg bis Herrsching. Auf Ortsstraßen erreichen wir den Bahnübergang, vor dem rechts der Wanderweg nach Hechendorf abbiegt. Durch das Herrschinger Moos geht's nach Hechendorf zurück.

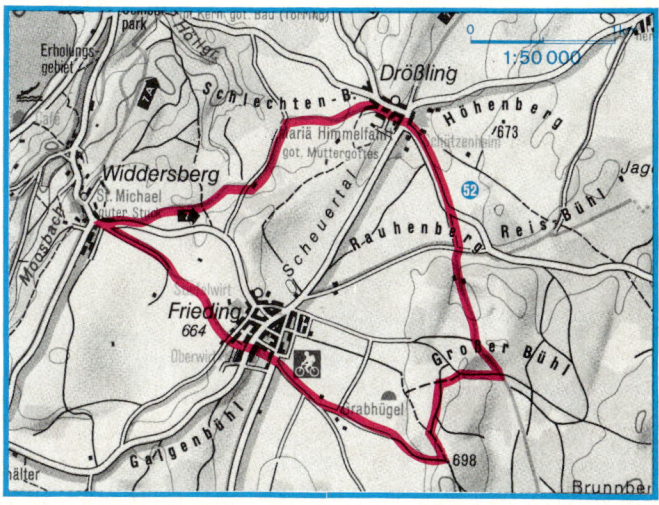

Wanderung: Frieding − Widdersberg − Drößling − Großer Bühl − Frieding

Ausgangspunkt: Frieding
Parken: im Ortsbereich von Frieding
Höhenunterschied: 40 m
Wanderzeit: 3 Std.
Schwierigkeitsgrad: leicht
Einkehr: Oberwirt und Stiefelwirt in Frieding, Wilder Hund in Widdersberg, Schützenheim in Drößling

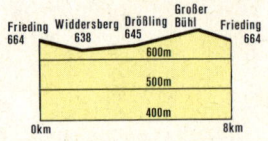

Tourenverlauf: Gemütlich läßt es sich wandern im welligen Moränenland rund um Frieding. Am Ortsausgang nach Widdersberg zweigt links ein Fußweg durch Felder und Wiesen ab. Vorbei an einem Marterl wandern wir auf Widdersberg zu. Rechterhand begleiten uns bronze- und hallstattzeitliche Grabhügel. Vor Widdersberg wandern wir ein Stück auf der Autostraße zurück und biegen gleich links in den Kreiswanderweg Nr. 7 ein, der uns hoch über dem Scheuertal nach Drößling bringt. Durch den anmutigen Ort, ein Stück auf der Straße nach Starnberg und schon geht es rechts hinauf auf den Großen Bühl, immer wieder mit schönem Blick über das liebliche Bauernland. Auf Forstwegen gelangen wir zum Waldaustritt südöstlich von Frieding. Hier am Weg nach Landstetten wiederum eine Hügelgräbergruppe aus der Bronze- und Hallstattzeit. Frieding vor Augen findet sich unschwer der Weg zum Auto zurück.

 Wanderung: Frieding − Andechs − Frieding

Ausgangspunkt: Frieding
Parken: am Galgenbühl südwestlich Frieding
Höhenunterschied: 30 m
Wanderzeit: 3 Std.
Schwierigkeitsgrad: leicht
Einkehr: Klostergasthof und Klosterbräustüberl in Andechs, Oberwirt und Stiefelwirt in Frieding

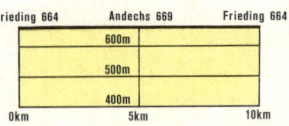

Tourenverlauf: Am Fuße des Galgenbühls an der Ortsverbindungsstraße Herrsching − Frieding gibt es an einer Baumgruppe einen „wilden" Autoabstellplatz, von dem ein direkter Fußweg durch Wald und über Felder zum Kloster Andechs führt. Hinter dem Parkplatz am Fuße des Klosterberges gehen wir auf dem Rückweg links am Minigolfplatz vorbei ein Stück auf der Trasse des „Andechser Wanderweges". Kurz bevor dieser den Waldrand erreicht, gehen wir halblinks weiter auf dem Weg nach Frieding, der durch Schneisen den Rothenfelder Forst quert. Gut 200 m bevor der Weg die Fahrstraße erreicht, gibt es linkerhand eine Abkürzungsmöglichkeit zum Parkplatz zurück. Ansonsten wandern wir auf der verkehrsarmen Straße nach Frieding. Wir gehen durch den Ort und nehmen beim Stiefelwirt den Wirtschaftsweg zurück zum Auto.

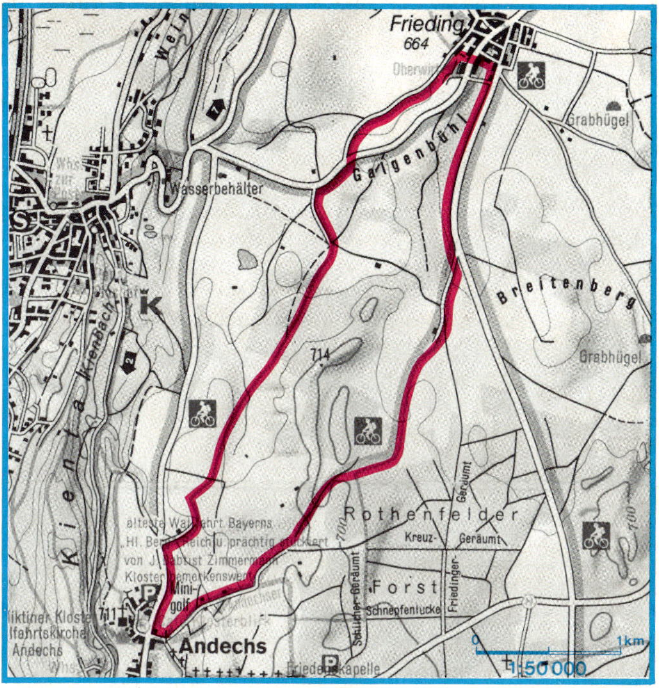

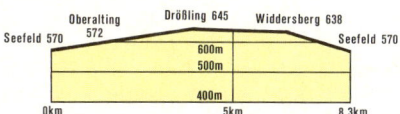

Optische Sturmwarnung an den großen Seen
Vorwarnung: 35 Blinkzeichen pro Minute
Sturmwarnung: 90 Blinkzeichen pro Minute

54 **Wanderung:** Seefeld – Oberalting – Drößling – Widdersberg – Seefeld

Ausgangspunkt: Schloß Seefeld
Parken: im Schloßhof
Höhenunterschied: 80 m
Wanderzeit: 3 Std.

Schwierigkeitsgrad: leicht
Einkehr: Gasthof Ruf in Oberalting,
Schützenheim in Drößling, Wilder Hund in
Widdersberg, Schloßbräustüberl in Seefeld

103

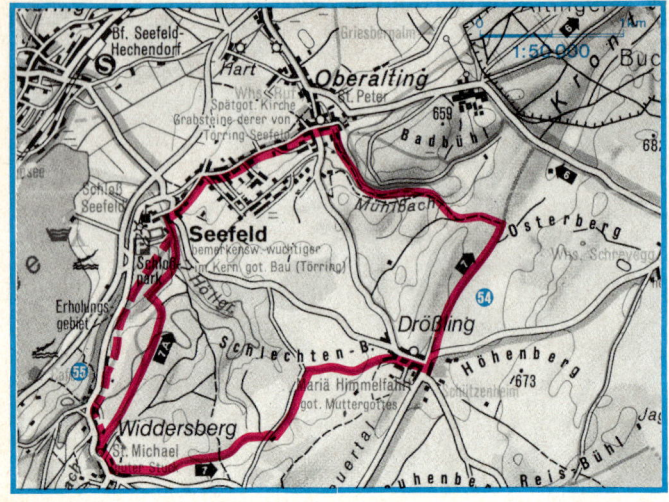

Tourenverlauf: Vom Schloßhof in Seefeld gehen wir auf ruhigen Ortsstraßen hinüber nach Oberalting. In Nähe der Dorfkirche St. Peter geht
rechts ein Weg ab in die wildromantische Schlucht des Mühlbachs.
Den querenden Kreiswanderweg 7 begehen wir (rechts) bis Drößling
und in seiner Fortsetzung oberhalb des Scheuertals bis Widdersberg.
Dort beginnt, auf der Höhe hinter der Michaelskirche, ein Forstweg
(Kreiswanderweg Nr. 7A) hinunter nach Schloß Seefeld. Bald hören wir
das Geplätscher eines Baches. Auf Höhe der Holzbrücke, die wir überqueren müssen, kann man einen lohnenden Abstecher (geradeaus) in
die Nagelflugschlucht des Höllgrabens unternehmen. Ansonsten gehen wir linksseitig am Bach entlang und gelangen zum Toerringschen
Schloßpark. Vom Glanz des im französischen Stil angelegten Gartens
ist nicht mehr viel zu sehen. Auch von dem einstigen „Spielzeugdorf"
Eintrachthausen (im Schloßpark) mit Herrenhaus, Jagdhaus, Bauern-
haus und Kapelle geht kein Leben mehr aus. Leicht ansteigend endet
der Wanderweg im Schloßhof.

 Wanderung: Seefeld − Widdersberg − Seefeld

Ausgangspunkt: Schloß Seefeld
Parken: im Schloßhof
Höhenunterschied: 50 m
Wanderzeit: 2 Std.
Schwierigkeitsgrad: leicht (bei Nässe
etwas tiefgründig)
Einkehr: Wilder Hund in Widdersberg,
Schloßbräustüberl in Seefeld

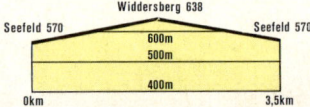

Tourenverlauf: Im Hof von Schloß Seefeld beginnt gleich hinter dem Torbogen links der Wanderweg nach Widdersberg. Ein etwas abfallender Weg führt uns am Schloßpark vorbei zum Bach, dessen verschlungenem Lauf wir rechtsseitig folgen. Über Wiesen erreichen wir bald die Fahrstraße. Rechts stößt ein Bergsporn bis an die Straße heran. Dort auf dem „Burebichl" (Burghügel) thronte einst die Burg der Herren von Widdersberg. Am südseitigen Fuß des Burgbichls fand man vorgeschichtliche Gräber mit reichlichen Beigaben. Auf unserem Weiterweg sehen wir rechts den Widdersberger Weiher. Im Garten der dortigen Mühle wurden römische Münzen aus der Zeit Kaiser Konstantins gefunden. Die Anwesenheit der Römer in Widdersberg belegt auch ein römischer Grabstein, der in der Mauer der Michaelskirche hinter Glas der Witterung trotzt. Seine Herkunft ist allerdings umstritten. In den Reiswiesen östlich der Kirche liegen vorgeschichtliche Grabhügel. Droben neben der Kirche treten wir unseren Rückweg über die Höhe durch schattigen Laubwald an. Bald hören wir wieder das Plätschern des kleinen Baches. Der Weg geradeaus führt in den Höllgraben mit seinen Nagelfluhfelsen aus dem Tertiär. Wir aber gehen links über die Brücke und stehen bald wieder im Hof des Toerringschen Schlosses in Seefeld.

56 **Wanderung:** Widdersberg — Frieding — Andechs — Widdersberg

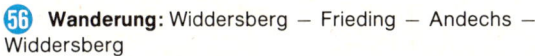

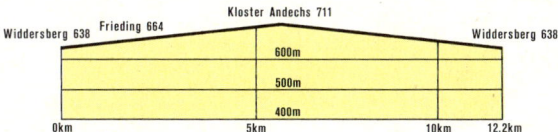

Widdersberg 638   Frieding 664   Kloster Andechs 711   Widdersberg 638
600m
500m
400m
0km   5km   10km   12,2km

Ausgangspunkt: Widdersberg
Parken: an der Kirche in Widdersberg
Höhenunterschied: 25 m
Wanderzeit: 4 1/2 Std.
Schwierigkeitsgrad: leicht

Einkehr: Gasthof Oberwirt und Stiefelwirt in Andechs, Klostergasthof und Klosterbräustüberl in Andechs, Wilder Hund in Widdersberg

---

Optische Sturmwarnung an den großen Seen
Vorwarnung: 35 Blinkzeichen pro Minute
Sturmwarnung: 90 Blinkzeichen pro Minute

Tourenverlauf: Vom östlichen Ortsausgang führt ein Fußweg von Widdersberg durch Felder und vorbei an einem Marterl nach Frieding. Im Ort halten wir uns rechts und wandern am Stiefelwirt vorbei zur Autostraße, auf der wir — Kloster Andechs vor Augen — etwa 200 m weiterwandern, um dann an der Baumgruppe im Grund links abzubiegen.

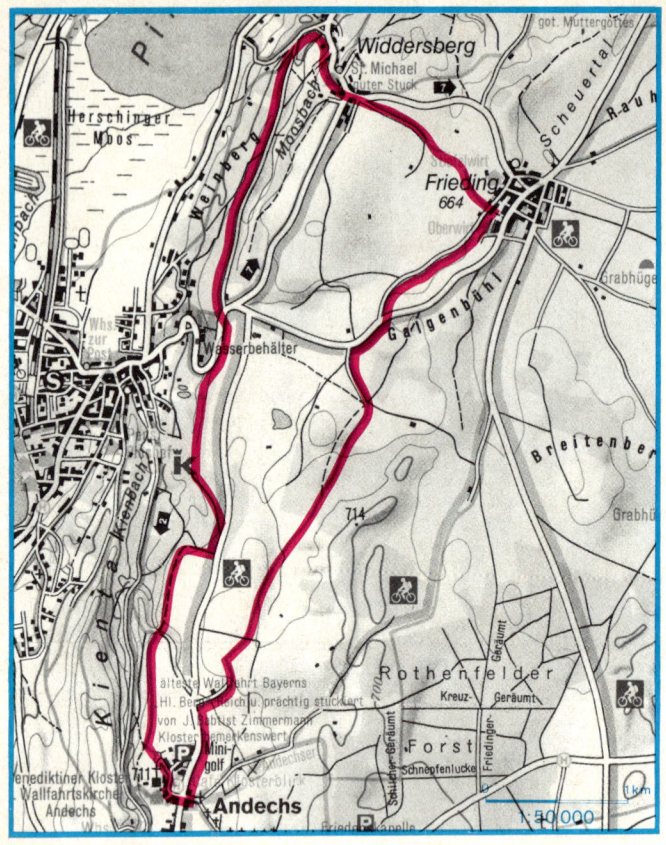

Jetzt geht es ziemlich geradlinig durch Wald und über Felder nach Andechs. Droben am Kloster halten wir uns auf dem Rückweg immer an der Klostermauer und bleiben auf dem Weg am Waldrand entlang immer auf der Höhe, nehmen also keinen der ins Kiental herabführenden Wege. Den tiefeingeschnittenen Ochsengraben — hier stand auf dem Moränenrücken einst eine Vorburg der Andechser Burg — umgehen wir oder suchen uns einen direkten Weg durch die romantische Schlucht. Wir bleiben bis zu den Hannawiesen, einer vorgeschichtlichen Nekropole, am Waldrand und queren die Straße Herrsching — Frieding, wo in der großen Kurve ein Wirtschaftsweg nach Widdersberg abzweigt. Am Widdersberger Weiher tritt der Weg aus dem Wald. Auf der Ortsstraße geht es rechts ansteigend hinauf zum Autoabstellplatz bei der Kirche.

57 **Wanderung:** Hechendorf − Oberalting − Delling − Krontal − Oberalting − Seefeld − Hechendorf

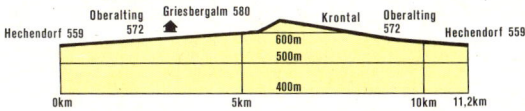

Ausgangspunkt: S-Bahnhof Seefeld − Hechendorf
Parken: am S-Bahnhof
Höhenunterschied: 80 m

Wanderzeit: 3 1/2 Std.
Schwierigkeitsgrad: leicht
Einkehr: Gasthof Ruf in Oberalting, Schloßbräustüberl in Seefeld

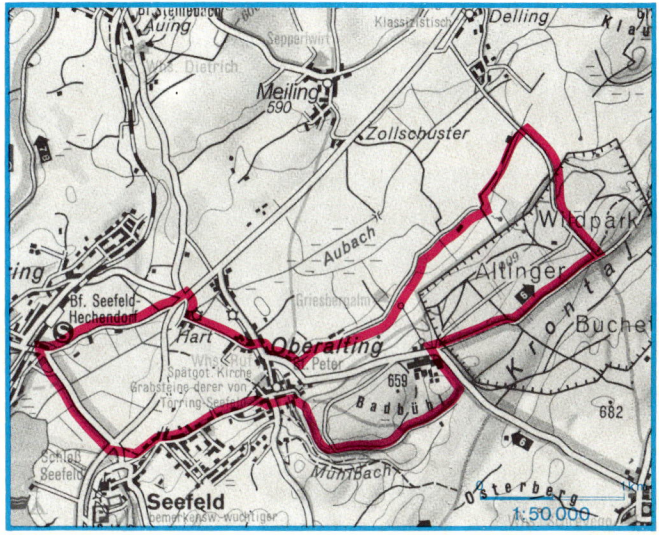

Tourenverlauf: Hinter der S-Bahnunterführung in Hechendorf biegt nach etwa 50 m links ein Weg durch die Felder ab. Bei der alten Mühle von Oberalting wird die Staatsstraße Herrsching − Weßling überquert. Unterhalb der Dorfkirche St. Peter in Oberalting gehen wir links den Talweg an der Griesbergalm vorbei. Am Wirtschaftsweg nach Delling halten wir uns rechts und steigen zum gattergesicherten Wildpark Altinger Buchet auf. Auf dem Kreiswanderweg 6 wandern wir (rechts) durchs obere Krontal und gehen auf der querenden Autostraße etwa 200 m links am Betriebsgelände von Espe vorbei, bis rechts ein Forstweg abbiegt, der uns nach Oberalting leitet. Bevor dieser Forstweg wieder an Höhe gewinnt, müssen wir links − in Sichtweite von St. Peter − einen kaum sichtbaren Pfad abwärts nach Oberalting nehmen. Auf Dorfstraßen geht es weiter zum Toerringschen Schloß in Seefeld. Von dort wandern wir auf einem Fußweg nach Hechendorf.

Wanderung: Hechendorf — Ellwang — Rausch — Herrsching

Ausgangspunkt: S-Bahnhof Seefeld —
Hechendorf
Parken: am S-Bahnhof Seefeld — Hechendorf
Höhenunterschied: 80 m
Wanderzeit: 2 Std.
Schwierigkeitsgrad: leicht
Einkehr: Gasthöfe in Hechendorf und Herr-
sching

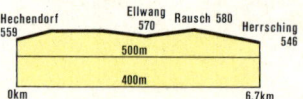

Tourenverlauf: Vom S-Bahnhof in Hechendorf zieht sich parallel zum Gleiskörper eine verkehrsarme Teerstraße, dann ein leicht ansteigender Fußweg (Bahnweg) zur Dorfkirche von Hechendorf. Am Feuerwehrhaus biegen wir rechts ein, überqueren eine Autostraße und gelangen (an der Baumgruppe links halten!) zum Wald. An der Gabelung zweier Waldwege gehen wir links nach Ellwang. Vom idyllisch auf einer Rodungsinsel gelegenen Weiler Ellwang führt links ein kaum befahrener Wirtschaftsweg nach Rausch, wo ein Fußweg nach Herrsching direkt zum Ammersee abfällt. Dem Uferweg folgen wir bis zu seinem Ende an der Tauchschule und gehen über einen Fußweg zur S-Bahn, die uns nach Seefeld — Hechendorf zurückbringt.

Schloß Seefeld

59 **Wanderung:** Hechendorf — Seefeld — Widdersberg — Herrsching

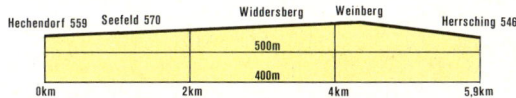

Ausgangspunkt: S-Bahnhof Seefeld — Hechendorf
Parken: am S-Bahnhof
Höhenunterschied: 40 m
Wanderzeit: 2 1/2 Std.

Schwierigkeitsgrad: leicht
Einkehr: Schloßbräustüberl in Seefeld, Wilder Hund in Widdersberg, Gasthöfe in Herrsching

Tourenverlauf: Vom S-Bahnhof in Hechendorf führt ein kombinierter Fuß- und Radweg neben der Autostraße zum Toerringschen Schloß in Seefeld. Im Schloßhof beginnt gleich links hinter dem Torbogen ein Wanderweg, der uns an einem Bach entlang (immer am rechten Bach-ufer bleiben) hinauf nach Widdersberg bringt. Über Wiesen erreichen wir die Autostraße, gehen auf dieser etwa 100 m geradeaus weiter und biegen dann rechts zum Widdersberger Weiher ein. Hinter der alten Mühle gabeln sich drei Wege. Wir nehmen den mittleren und wandern über den Weinberg nach Herrsching. Auf Ortsstraßen geht es zur S-Bahn, die uns zurück zum Auto in Hechendorf oder heimbringt.

60 **Wanderung:** Hechendorf — Steinebach — Meiling — Delling — Oberalting — Seefeld — Hechendorf

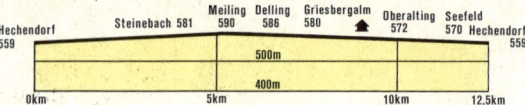

Ausgangspunkt: S-Bahnhof Hechendorf
Parken: am S-Bahnhof
Höhenunterschied: 20 m

Wanderzeit: 4 Std.
Schwierigkeitsgrad: leicht
Einkehr: in allen Orten am Weg

Tourenverlauf: Vom S-Bahnhof in Hechendorf führt ein Fußweg hinauf nach Güntering. Von hier schlängelt sich ein Wirtschaftsweg (Kreiswanderweg 7B) über Felder nach Steinebach. Dort halten wir uns (rechts) Richtung S-Bahn und gelangen durch die Bahnunterführung nach Auing, das wir auf der Straße geradeaus durchwandern. Hinter den letzten Häusern zweigt links ein Feldweg ab, der — mitunter weglos — in einen breiten Wirtschaftsweg nach Meiling mündet. Hinter dem Maibaum zweigt dort links ein bequemer Feldweg nach Delling ab, wo wir die Staatsstraße Herrsching—Weßling in einem Durchlaß unterqueren. Im Gut Delling nicht links in die Eichenallee, sondern halbrechts zur Siedlung hinuntergehen, dort links und auf halbem Weg zum Wald rechts zur Griesbergalm einbiegen. Durch Oberalting gelangen wir auf Ortsstraßen zum Toerringschen Schloß in Seefeld und auf einem Fußweg nach Hechendorf.

Wanderungen im Gebiet des Weßlinger Sees

 Wanderung: Rund um den Weßlinger See

Ausgangspunkt: S-Bahnhof Weßling
Parken: am S-Bahnhof in Weßling
Höhenunterschied: 15 m
Wanderzeit: 1 Std.
Schwierigkeitsgrad: leicht, Weg jedoch stellenweise durch Baumwurzeln uneben
Einkehr: mehrere Einkehrmöglichkeiten am See oder in Seenähe

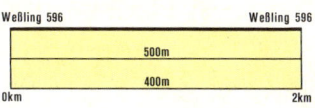

Tourenverlauf: Nur drei Minuten sind es vom S-Bahnhof Weßling zum Weßlinger See. Wir gehen links über das Badegelände in leichtem Auf und Ab über verwurzelte Wege direkt am Ufer entlang. Wem dies zu beschwerlich ist, der wähle die ufernahen Ortsstraßen. Nach halber Weglänge muß für wenige Meter auf die Straße ausgewichen werden, denn 200 m des 1,8 km langen Seeufers dürfen wegen privater Nutzung nicht betreten werden. Danach geht es auf bequemem Weg wieder am Ufer entlang und zurück zum S-Bahnhof.

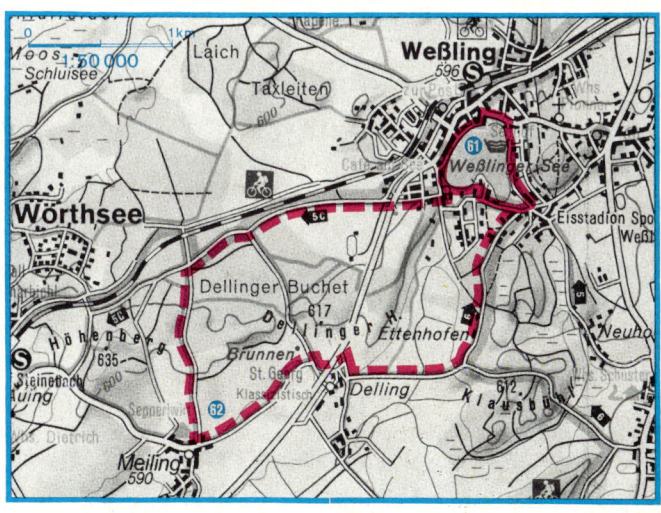

 Wanderung: Weßling — Delling — Meiling — Weßling

Ausgangspunkt: Weßling
Parken: auf Dorfstraßen und Parkbuchten im Bereich des Weßlinger Sees
Höhenunterschied: 100 m
Wanderzeit: 3 Std.
Schwierigkeitsgrad: leicht
Einkehr: Sepperlwirt in Meiling

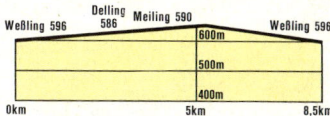

Tourenverlauf: Über die Ettenhofener Straße (Kreiswanderweg Nr. 6) südlich des Weßlinger Sees gelangen wir nach etwa 20 Gehminuten an eine Weggabelung, der wir rechts unter Eichen zum Gut Delling folgen. Hier unterqueren wir in einem Durchlaß die vielbefahrene Staatsstraße nach Herrsching. Vom kastanienbestandenen Weg zur Meilinger Höhe zweigt gleich anfangs ein Feldweg links ab. In Meiling gehen wir am Maibaum vorbei und wählen dann den geteerten Wirtschaftsweg rechts zur Meilinger Höhe. Den Wald durchwandern wir geradlinig bis zur S-Bahnlinie, die in einem tiefen Einschnitt uns ein gutes Stück auf unserem Weg nach Weßling begleitet (Kreiswanderweg 5C). Bevor uns der idyllische Weßlinger See wieder in seinen Bann zieht, ist noch einmal die Straße nach Herrsching zu queren.

63 **Wanderung:** Weßling — Delling — Oberalting — Hochstadt — Weßling

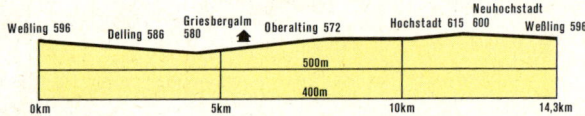

Ausgangspunkt: Weßlinger See oder S-Bahnhof Weßling
Parken: am S-Bahnhof, auf Dorfstraßen und Parkbuchten in Seenähe
Höhenunterschied: 100 m

Wanderzeit: 4 1/2 Std.
Schwierigkeitsgrad: leicht
Einkehr: Griesbergalm und Gasthof Ruf in Oberalting, Gasthof Schuster in Hochstadt

Eichenallee bei Delling

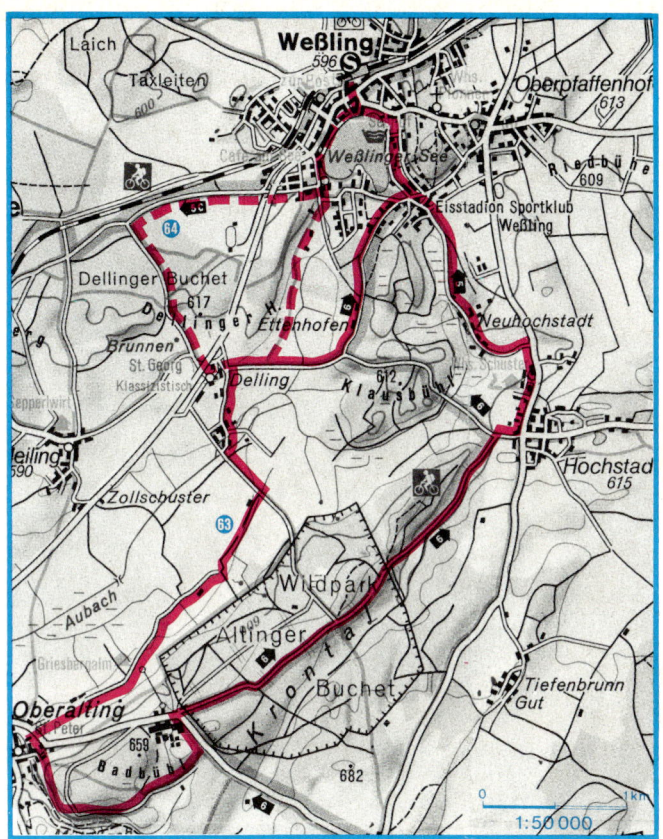

Tourenverlauf: Den Weßlinger See umwandern wir in beliebiger Richtung bis zu seinem südöstlichen Ufer. Dort zweigt an der Straßenkreuzung der Kreiswanderweg Nr. 6 (Ettenhofener Straße) zur Eichenallee nach Delling ab. An das Gut schließt sich nach Süden eine Siedlung an, durch die wir in Richtung Altinger Buchet wandern. Auf halbem Weg zum bewaldeten Moränenrücken biegen wir rechts in einen Weg ein, der an der Griesbergalm vorbeiführt. An der Dorfkirche von Oberalting steigt, zwischen Häusern versteckt, ein Pfad hinauf zum Badbühl, an dessen südseitigem Fuß wir auf bequemem Forstweg zur Straße nach Unering wandern. Auf ihr halten wir uns etwa 200 m links und biegen dann auf Höhe der Betriebsanlagen von Espe rechts in den Wald ein. Ein gattergesicherter Wirtschaftsweg mündet ins Krontal. Am Talende gelangen wir rechts nach Hochstadt. Über den markierten Kreiswanderweg Nr. 5 erreichen wir wieder den Weßlinger See.

64 **Wanderung:** Weßling – Delling – Weßling

Ausgangspunkt: S-Bahnhof Weßling
Parken: am S-Bahnhof Weßling
Höhenunterschied: 20 m
Wanderzeit: 2 Std.
Schwierigkeitsgrad: leicht
Einkehr: Gasthöfe in Weßling

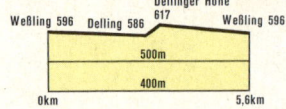

Weßling 596 Delling 586 Dellinger Höhe 617 Weßling 596
500m
400m
0km   5,6km

Tourenverlauf: Vom S-Bahnhof gehen wir zum Weßlinger See und auf dessen westlichem Uferweg (Seeweg) zur Alten Kirche. Daran schließt sich nach Süden der Dellinger Weg an, der parallel zum Moosgraben zur Eichenallee bei Delling führt. Unter uralten Eichen gehen wir rechts zum Gut, wo uns (rechts) ein Durchlaß sicher unter der vielbefahrenen Staatsstraße Herrsching – Weßling auf den Wanderweg zur Dellinger Höhe leitet. Hinter dem Dellinger Buchet stoßen wir bei der Bahnlinie auf den Kreiswanderweg 5C, dem wir rechts folgen. Durch Felder geht es zurück zum Weßlinger See und zum nahen S-Bahnhof.

65 **Wanderung:** Weßling – Mischenrieder Wald – Mischenried – Weßling

Ausgangspunkt: S-Bahnhof Weßling
Parken: am S-Bahnhof Weßling
Höhenunterschied: 10 m
Wanderzeit: 3 Std.
Schwierigkeitsgrad: leicht
Einkehr: Gutsgaststätte Mischenried, Gasthöfe in Weßling

Weßling 596   Mischenrieder Wald   Mischenried 610   Weßling 596
500m
400m
0km   6,1km

Zwischen Meiling und Delling

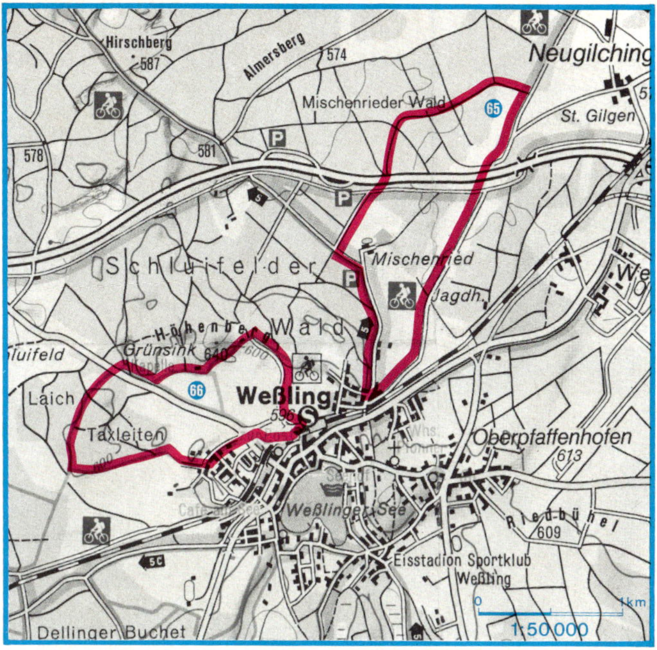

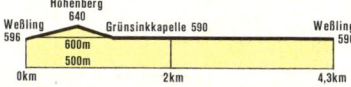

Tourenverlauf: Hinter dem S-Bahnhof Weßling verläuft zwischen der Bahnlinie und der Fahrstraße nach Mischenried ein langgezogener Wirtschaftsweg (Gilchinger Weg) durch Felder zur Bundesstraße 12. Nach Überquerung der verkehrsreichen Straße gehen wir geradeaus bis zum Wald weiter, an dessen Rand wir links bleiben. Am Waldeintritt wurde linkerhand auf der Frauenwiese Anfang der 80er Jahre ein spätrömischer Gutshof auf einer kleinen Anhöhe ausgegraben. Etwa 500 m nordwestlich der Hopfenau wurde im Mischenrieder Wald ein weiterer, zeitlich jedoch wesentlich älter einzustufender Siedlungsfund gemacht. Nach diesem kurzen Abstecher in die Vergangenheit gehen wir auf unseren Weg zurück und wandern auf dem eingeschlagenen Forstweg weiter zur B 12. Jenseits der Straße führt ein Wirtschaftsweg zum Reitergut Mischenried, einer ehemaligen Schwaige des Dießener Chorherrenstifts. Am Waldrand geht es zurück zum S-Bahnhof.

66 **Wanderung:** Weßling – Grünsink – Weßling

Ausgangspunkt: S-Bahnhof Weßling
Parken: am S-Bahnhof Weßling
Höhenunterschied: 20 m
Wanderzeit: 2 Std.
Schwierigkeitsgrad: leicht
Einkehr: Gasthöfe in Weßling

Tourenverlauf: Hinter dem S-Bahnhof führt ein Wirtschaftsweg (Etterschlager Weg) zum Schluifelder Wald hinauf, an dessen Rand wir (links) zur Autostraße wandern. Auf dieser erreichen wir nach etwa 200 m die Wallfahrtskirche Grünsink. „In der grünen Senke" hatte sich 1740 ein Jäger verirrt und zum Dank für seine Errettung ein Marienbild an einem Baum angebracht. Nachdem dieses Bild Ziel vieler Wallfahrer geworden war, wurde 1763 die Wallfahrtskirche errichtet. Noch heute finden in Erinnerung dieser Geschehnisse am letzten Julisonntag und am Sonntag nach Mariä Himmelfahrt die Grünsinker Feste mit Andacht und Dult im Freien statt. Gegenüber der Wallfahrtskirche führt der Weg zuerst durch Wald, dann am Waldrand (links) entlang nach Weßling zurück.

67 **Wanderung:** Weßling – Hochstadt – Seefeld – Hechendorf

Ausgangspunkt: S-Bahnhof Weßling
Parken: am S-Bahnhof in Weßling
Höhenunterschied: 120 m
Wanderzeit: 3 Std.
Schwierigkeitsgrad: leicht
Einkehr: Gasthof Schuster in Hochstadt, Schloßbräustüberl in Seefeld

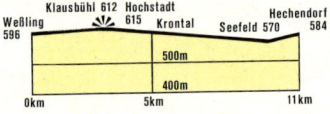

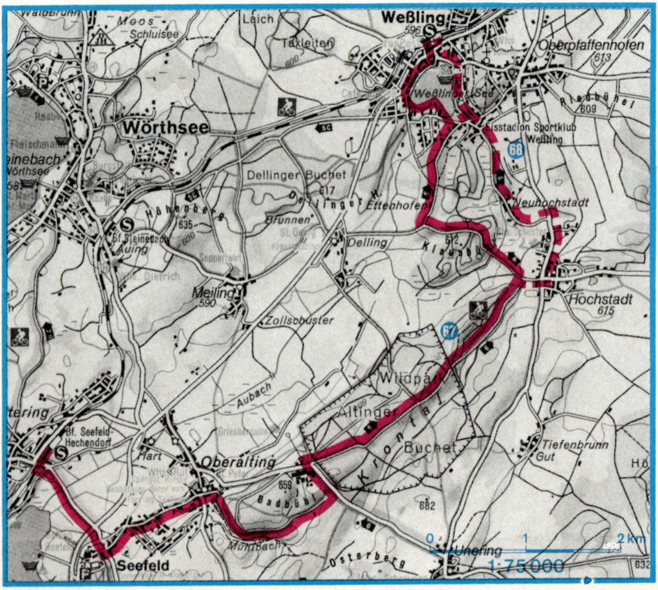

Tourenverlauf: Vom Weßlinger See, den wir in beliebiger Richtung umgehen, führt der Kreiswanderweg Nr. 6 über die Ettenhofener Straße in südliche Richtung. An der Wegkreuzung (mit schönem Blick über das Verlandungsgebiet des einst bis Delling reichenden Pilsensees) halten wir uns links. Kurz vor Hochstadt biegen wir rechts ein und betreten bald das einsame Krontal, ein Hochtal von beeindruckender Schönheit. Der Wildpark der Graf-Toerringschen-Forstverwaltung ist durch Gatter gesichert und darf durchwandert werden (Gatter wieder schließen!). Nach Verlassen des Wildparks etwa 200 m links und dann rechts in einen Waldweg. Am südostseitigen Fuß des Badbühls geht es nach Oberalting. Sobald der Turm der Dorfkirche St. Peter vor uns durch die Bäume schaut, muß der bequeme Forstweg gegen einen kaum sichtbaren Pfad eingetauscht werden. Auf engem und etwas steilem Weg erreichen wir Oberalting. Auf Dorfstraßen geht es weiter zum Toerringschen Schloß in Seefeld, von wo ein kombinierter Fuß-/Radweg durch das Moor des verlandeten Pilsensees zur S-Bahn in Hechendorf führt, die uns nach Weßling zurückbringt.

 Wanderung: Weßling — Hochstadt — Weßling

Ausgangspunkt: S-Bahnhof Weßling
Parken: am S-Bahnhof in Weßling
Höhenunterschied: 50 m
Wanderzeit: 2 1/2 Std.
Schwierigkeitsgrad: leicht
Einkehr: Gasthof Schuster in Hochstadt

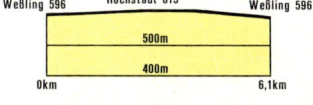

Tourenverlauf: Über das Gelände des gemeindlichen Badebereichs führt der Weg am Weßlinger See entlang. Durch aufgelockerte Bebauung geht es weiter (über den Prinz-Alfons-Weg) auf dem Kreiswanderweg Nr. 5, der über Neuhochstadt nach Hochstadt führt. Auf Höhe der Straßenabzweigung nach Oberbrunn setzt sich am Ortsende rechts der Weg leicht abfallend fort. Am Beginn der schattigen Eichenallee zum Gut Delling wählen wir an der Weggabelung den Kreiswanderweg Nr. 6 (rechts) zurück zum Weßlinger See, den wir nun am südwestlichen Ufer umwandern.

 Wanderung: Weßling — Steinebach

Ausgangspunkt: S-Bahnhof Weßling
Parken: am S-Bahnhof in Weßling
Höhenunterschied: 20 m
Wanderzeit: 1 1/2 Std.
Schwierigkeitsgrad: leicht
Einkehr: Gasthöfe in Weßling und Steinebach

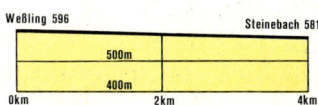

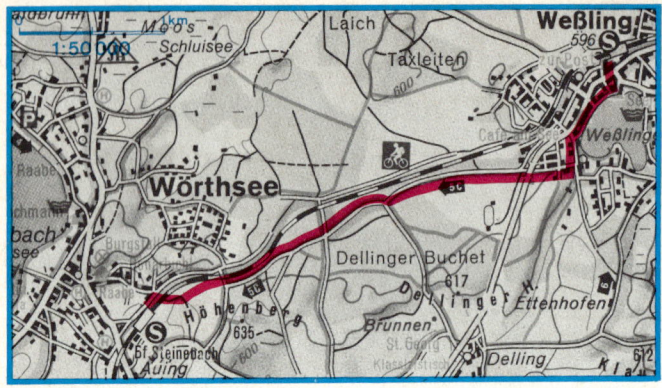

Tourenverlauf: Vom S-Bahnhof erreichen wir in wenigen Minuten den Weßlinger See, an dessen westlichem Ufer (Seeweg) wir entlang zur Alten Kirche gehen, wo rechts der Weg nach Steinebach abbiegt. Wir gehen durch Felder parallel zur S-Bahnlinie und gewinnen im Wald an Höhe. Dabei folgen wir der Wegemarkierung Nr. 5C auf gelbem Pfeil, aber nur bis zum Waldaustritt. Hier verlassen wir den Kreiswanderweg 5C und gehen auf einem Trampelpfad zwischen Wiese und Bahnlinie entlang zum S-Bahnhof Steinebach. Dadurch sparen wir uns ein beträchtliches Stück Weg über Autostraßen. Kurz vor dem S-Bahnhof regelt eine Anrufschranke den Bedarfsübergang.

Krontal

70 **Wanderung:** Weßling — Weichselbaum (Werksflugplatz) —
Oberpfaffenhofen — Weßling

Ausgangspunkt: S-Bahnhof Weßling
Parken: am S-Bahnhof Weßling
Höhenunterschied: 10 m
Wanderzeit: 3 Std.
Schwierigkeitsgrad: leicht
Einkehr: Gasthof Plonner in Oberpfaffen-
hofen, Gasthöfe in Weßling

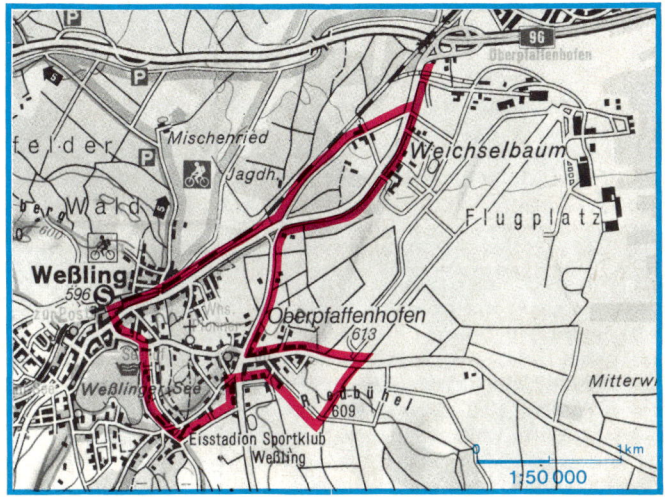

Tourenverlauf: Vom S-Bahnhof Weßling wandern wir zuerst zum Dor-
nier-Werksflugplatz. Dazu gehen wir auf dem kombinierten Fuß-/Rad-
weg entlang der Staatstraße bis zum Wald, wo links bei der Einmündung der Straße von Oberpfaffenhofen ein Waldweg nach Weichselbaum abzweigt. Sobald dieser Weg wieder auf die Autostraße trifft, sehen wir schon vor uns die zur Schau gestellten Flugzeugtypen von
Dornier. Auf dem Fuß-/Radweg gehen wir zurück bis zur einmünden-
den Straße nach Oberpfaffenhofen, der wir folgen. An der großen
Kreuzung im Ort halten wir uns links Richtung Unterbrunn und stehen
bald dicht an der Start- und Landebahn des Flugplatzes. Vom nahen
Riedbühel läßt sich gut der Flugbetrieb beobachten. Unweit dieser
Stelle liegt eine Hügelgräbergruppe, eine zweite südlich davon. Auf
dem Weiterweg umgehen wir Oberpfaffenhofen am südlichen Orts-
rand, wo an der Straße nach Hochstadt (vermutlich) bronzezeitliche
Siedlungsfunde entdeckt wurden. Beim Eisstadion biegen wir ab zum
Weßlinger See, auf dessen ostseitigen Uferweg wir den S-Bahnhof erreichen.

Allgemeine Tips für Wanderungen und Bergtouren

Die **Ausrüstung,** die wir auf unsere Bergfahrten mitnehmen, richtet sich nach der Dauer und dem Schwierigkeitsgrad unserer Unternehmung. Für leichte Touren genügen feste Wanderschuhe, ein kleiner Rucksack für Regen- und Kälteschutz, sowie für etwas Proviant. Für Ausflüge in die höheren Regionen sind zusätzlich Sonnencreme und -brille, Handschuhe, Mütze und Reservewäsche erforderlich. Die **Wanderapotheke** wird hoffentlich ungebraucht im Rucksack bleiben, doch bei Abschürfungen sind eine desinfizierende Salbe und ein Hansaplast gewiß willkommen, wie auch ein paar Sicherheitsnadeln, falls beim Abstieg der Hosenstoff leiden sollte. Hochtouren sollten grundsätzlich nur mit einem erfahrenen Bergführer unternommen werden. In den Talorten stehen behördlich autorisierte Führer zur Verfügung, die einen sicheren Gipfelsieg gewährleisten.

Die Beschaffenheit des Hochgebirges bringt es mit sich, daß viele Routen ausgesetzt sind, die Schwindelfreiheit erfordern und daher wiederholt auf vernünftiges Schuhwerk hingewiesen werden muß. Wenn wir mit Kindern unterwegs sind, so erweist sich ein kurzes Bergseil (10 m) als große Hilfe.

Bei Unfällen ist die nächste Bergrettungsstelle zu verständigen. Ist direkte Hilfeanforderung unmöglich, kann durch das **alpine Notsignal** Hilfe herbeigeholt werden. **Hilfeanforderung:** 6 Signale pro Minute in Abständen von je 10 Sekunden, eine Minute Pause, wieder 6 Signale usw. **Antwort:** 3 Signale in einer Minute in Abständen von je 20 Sekunden, eine Minute Pause, dann wieder 3 Signale usw.

Die **Schwierigkeitseinteilung** leicht – mittel – nur für Geübte richtet sich nicht nach der UIAA Skala (von leicht bis äußerst schwierig), sondern wurde unter dem Gesichtspunkt der für einen durchschnittlichen Wanderer zu überwindenden Höhenmeter, der Schwierigkeit des Weges (Gletscherbegehung) und der Einkehr- und Rastpunkte ausgewählt. Die Schwierigkeit und der angegebene Zeitaufwand stellen unverbindliche Empfehlungen dar, – sie können je nach Witterungseinflüssen und Geländeverhältnissen von den angegebenen Werten mehr oder weniger abweichen.

Kennzeichnung der Schwierigkeit:

- 🔵 leichte Wanderung, auch für Kinder geeignet!
- ⚫ mittelschwere Wanderung
- ⚫ schwere Wanderung, nur für geübte Berggeher!

Zeichenerklärung zu den Tourenprofilen:

- 🏠 Gasthaus, Unterkunftshaus
- △ unbewirtschaftete Hütte, Unterstandsmöglichkeit
- ☀ Aussichtspunkt, Rundblick
- 🚠 Seilbahn
- 🚡 Sessellift

St. Peter in Oberalting

Kreiswanderwege des Landkreises Starnberg

Zehn Hauptwanderwege wurden im Gebiet des Landkreises Starnberg ausgewählt und mit großen gelben Pfeilen markiert. Diese Pfeile tragen gut sichtbare Nummern. Der Rückweg wird mit einem gelben Pfeil kenntlich gemacht.

Neben den Bezeichnungen der Wanderwege mit den Nummern von 1 bis 10 wurden in das Wegesystem zusätzlich auch Bezeichnungen mit den Buchstaben A, B, C und D aufgenommen. Diese so gekennzeichneten Wege stellen Abkürzungen dar und verknüpfen das Wegesystem untereinander.

1 Starnberger-See-Rundweg

Von Starnberg über Seeshaupt, Tutzing nach Starnberg zurück. Abzweigung 1A nach Haarkirchen, 1B nach Manthal und 1C/1D nach Aufkirchen.

Ausgangspunkt: Dampfersteg in Starnberg

Länge: 48 km

Bahnstationen: Seeshaupt, Bernried, Tutzing, Feldafing, Possenhofen, Starnberg

Schiffslinienverkehr

2 Ammersee-Weg

Von Stegen über Herrsching nach Pähl. Abzweigung 2A zum Wörthsee, 2B zum Pilsensee

Ausgangspunkt: Dampfersteg in Stegen

Länge: 22 km

Bahnstation: Herrsching

Schiffslinienverkehr

3 Andechser Weg

Von Starnberg am Maisinger See vorbei über Aschering nach Andechs

Ausgangspunkt: Dampfersteg in Starnberg

Länge: 13 km

Bahnstationen: Starnberg, Herrsching

4 Wörthsee-Rundweg

Von Steinebach über Schlagenhofen, Bachern zurück nach Steinebach. Abzweigung 4A nach Stegen am Ammersee

Ausgangspunkt: Seepromenade Steinebach

Länge: 13 km

Bahnstation: Steinebach

5 Schöngeisinger Weg

Von Starnberg über Weßling nach Schöngeising. Variante 5A Rundweg über Herrgottsruh. Abzweigung 5B nach Unering. Abzweigung 5C nach Steinebach

Ausgangspunkt: Bahnhof Starnberg

Länge: 27 km

Bahnstationen: Starnberg, Mühltal, Weßling, Schöngeising

6 Krontal-Weg

Von Maising über Perchting, Unering, Oberalting durch das Krontal nach Weßling

Ausgangspunkt: Ortschaft Maising

Länge: 15 km

Bahnstation: Weßling

7 Pilsensee-Weg

Durch das Krontal über Widdersberg nach Herrsching. Abzweigung 7A über Seefeld zum Wörthsee, 7B nach Steinebach am Wörthsee

Ausgangspunkt: Zwischen Unering und Oberalting auf Weg Nr. 6

Länge: 8 km

Bahnstationen: Hechendorf, Steinebach, Herrsching

8 Kerschlacher Weg

Von Tutzing über Ilkahöhe, Monatshausen, durch den Kerschlacher Forst nach Pähl

Ausgangspunkt: Bahnhof Tutzing

Länge: 11 km

Bahnstation: Tutzing

9 Mühlthal-Weg

Von Mühlthal über Gauting an der Würm entlang nach Leutstetten. Abzweigung 9A nach Gilching

Ausgangspunkt: Herrgottsruh, Nähe Bahnhof Mühlthal

Länge: 12 km

Bahnstationen: Mühlthal, Gauting

10 Wildmoos-Weg

Von Aufkirchen über Haarkirchen durch das Wildmoos nach Leutstetten

Ausgangspunkt: Wallfahrtskirche Aufkirchen

Länge: 11 km

Bahnstation: Mühlthal

Ortsverzeichnis

ZU DEN WANDERVORSCHLÄGEN EMPFEHLEN WIR:

LANDSBERG · LECH · AMMERSEE   Verlagsnummer 189

189

LANDSBERG · LECH AMMERSEE

Bad Wörishofen · Buchloe · Dießen · Fuchstal
Herrsching · Inning · Kaufbeuren · Kaufering
Schondorf · Schwabmünchen · Utting

190

FÜNFSEENLAND · LANDKREIS STARNBERG

180 Starnberger — Ammersee

180

Starnberger - Ammersee

1:50 000

Reitwege
Kurzführer
Radwanderwege

KOMPASS
Wanderkarte

ISB N 3-87051-109-5

9 783870 511098

ÜNFSEENLAND STARNBERG

Verlagsnummer 0180

0180

bruck · Herrsching · Penzberg ·
erg · Weilheim · Wolfratshausen

ISBN 3-87051-110-9

arbigen Ortsplänen und
stischen Informationen

50 000

PASS
und
ARTE

LAG · MÜNCHEN
T STARNBERG

Die größte Wandermarke
KOMPASS
Wanderkarten · Wanderbücher

Das große KOMPASS-Wanderkartenprogramm Alpen 1:50.000

Eine farbige Schnittübersicht der KOMPASS-Wanderkarten erhalten Sie kostenlos bei Ihrem Buchhändler oder beim Verlag.

● = Titel mit Kurzführer
□ = Titel mit Radwanderwegen
○ = Titel mit Langlaufloipen
△ = Titel mit alpinen Skirouten
* = Titel in Vorbereitung
Sondermaßstäbe siehe Titelverzeichnis

K 1a	Bodensee, westlicher Teil ● □	K 28	Nördliches Zillertal ● □ △
K 1b	Bodensee, östlicher Teil ● □	K 29	Kitzbüheler Alpen ● ○ △
K 1c	Bodensee, Gesamtgebiet 1:75.000 ● □	K 029	Kitzbühel 1:30.000 ● ○ △
K 2	Bregenzer Wald — Westallgäu ● □	K 30	Saalfelden — Leoganger Steinberge ●
K 02	Oberstaufen 1:25.000 ● □	K 030	Zell am See 1:30.000 ● □ ○
K 3	Allgäuer Alpen — Kl. Walsertal ● □	K 31	Radstadt — Schladming ● □ △
K 03	Oberstdorf — Kleinwalsertal 1:30.000 ● □ ○	K 32	Bludenz — Schruns — Klostertal ● △
K 4	Füssen — Außerfern ● □	K 33	Arlberg — Nördl. Verwallgruppe ● △
K 5	Wettersteingebirge ● □	K 35	Imst — Telfs — Kühtai ●
K 05	Oberammergau und Ammertal 1:35.000 ● □	K 36	Innsbruck — Brenner ● □ △
K 6	Walchensee — Wallgau — Krün ● □	K 036	Innsbruck — Igls — Hall i. Tirol 1:30.000 ● □
K 7	Murnau — Kochel — Staffelsee ● □	K 37	Zillertaler Alpen — Tuxer Voralpen ● □
K 8	Tegernsee — Schliersee ● □		
K 08	Tegernseer Tal 1:30.000 ● □	K 38	Venedigergruppe — Oberpinzgau ● □
K 008	Bayrischzell — Schliersee 1:35.000 ● □	K 39	Glocknergruppe — Zell a. See ● ○ △
K 9	Kaisergebirge ●	K 40	Gasteiner Tal — Goldberggruppe ●
K 09	Kufstein — Kaisergebirge 1:30.000 ● ○	K 040	Badgastein — Bad Hofgastein 1:30.000 ●
K 009	Oberaudorf 1:30.000 □	K 41	Silvretta — Verwallgruppe ● △
K 10	Chiemsee — Simssee ● □	K 42	Landeck — Nauders ● △
K 012	Kössen — Zahmer Kaiser 1:30.000 ● □ ○	K 43	Ötztaler Alpen ● △
K 14	Berchtesgadener Land — Chiemgauer Alpen ● □ △	K 043	Naturpark Texelgruppe — Meraner Höhenweg 1:35.000 ● △
K 15	Tennengebirge — Hochkönig ● □	K 44	Sterzing/Vipiteno ● △
K 16	Traunstein — Waginger See ● □	K 45	Dereggental — Lasörlinggruppe ● △
K 17	Salzburger Seengebiet ● □	K 46	Matrei (Osttirol) ● △
K 017	Salzburg und Umgebung 1:35.000 ● □	K 47	Lienzer Dolomiten ●
K 18	Nördl. Salzkammergut ● □	K 047	Lienzer Talboden 1:25.000 ● ○
K 018	Wolfgangsee 1:35.000 ● □	K 48	Kals — Granatspitzgruppe ● △
K 19	Almtal — Kremstal — Steyrtal ●	K 49	Mallnitz — Obervellach ●
K 20	Südl. Salzkammergut ● □	K 50	Heiligenblut — Döllach ● △
K 21	Feldkirch — Vaduz ● □	K 52	Vinschgau/Val Venosta ● △
K 24	Lechtaler Alpen — Hornbachkette ●	K 53	Meran/Merano ● △
		K 053	Meran 1:25.000 ●
K 25	Ehrwald — Lermoos — Mieminger Kette ●	K 54	Bozen/Bolzano ● △
		K 054	Lana 1:25.000 ●
K 26	Karwendelgebirge ● □	K 55	Cortina d'Ampezzo ● △
K 026	Seefeld (Tirol) 1:25.000 ● □ ○	K 56	Brixen/Bressanone ● △
K 27	Achensee — Rofangebirge ● □ △	K 57	Bruneck — Toblach ● △

K 58	Sextener Dolomiten ● △	
K 59	Sellagruppe — Marmolata ● △	
K 60	Gailtaler Alpen —	
	Karnische Alpen ●	
K 61	Wörther — Faaker —	
	Ossiacher See ● □	
K 061	Wörther See — Klagenfurt	
	1:30.000 ● □	
K 63	Millstätter See — Nockgebiet ●	
K 063	Bad Kleinkirchheim 1:25.000 ● ○	
K 64	Villacher Alpe — Unteres Drautal ●	
K 064	Villach — Warmbad Villach	
	1:22.500 ●	
K 65	Klopeiner See — Östl.	
	Karawanken ●	
K 065	Klopeiner See 1:25.000 ●	
K 66	Maltatal — Liesertal ●	
K 67	Lungau — Radstädter Tauern ● △	
K 68	Ausseerland — Ennstal ● △	
K 69	Hinterstoder —	
	Windischgarsten ● ○ △	
K 70	Gesäuse — Ennstaler Alpen ●	
K 71	Adamello — La Presanella ● △	
K 72	Ortler/Ortles — Cevedale ● △	
K 73	Gruppo di Brenta ● △	
K 073	Dolomiti di Brenta 1:30.000 ● △	
K 74	Tramin/Termeno — Cavalese ● △	
K 75	Trento — Levico — Lavarone ● △	
K 76	Pale di San Martino ● △	
K 77	Alpi Bellunesi	
K 78	Altipiano dei Sette Comuni ● △	
K 80	Großarltal — Kleinarltal ●	
K 81	Wörgl — Hopfgarten — Gerlos —	
	Wildschönau ● △	
K 82	Tauferer — Ahrntal/Valle	
	di Tures ● △	
K 83	Stubaier Alpen — Serleskamm ● △	
K 85	Mont Blanc/Monte Bianco ● △	
K 86	Gran Paradiso — Valle d'Aosta ● △	
K 87	Breuil/Cervinia — Zermatt ● △	
K 88	Monte Rosa ● △	
K 89	Domodóssola ● △	
K 90	Lago Maggiore —	
	Lago di Varese ● △	
K 91	Lago di Como — Lago di Lugano ● △	
K 92	Chiavenna — Val Bregaglia △	
K 93	Bernina — Sondrio ● △	
K 94	Edolo — Aprica △	
K 96	Bormio — Livigno — Corna	
	di Campo ● △	
K 97	Omegna — Varallo —	
	Lago d'Orta ● △	
K 100	Monti Lessini	
K 101	Rovereto — Monte Pasubio ● △	
K 102	Lago di Garda — Monte Baldo ●	
K 103	Le Tre Valli Bresciane △	
K 104	Foppolo — Valle Seriana ● △	
K 105	Lecco — Valle Brembana ● △	
K 120	Europäischer Fernwanderweg E5	
	Teilstrecke Nord: Konstanz —	
	Mittelberg ●	

K 121	Europäischer Fernwanderweg E5	
	Teilstrecke Süd: Mittelberg —	
	Verona ●	
K 134	Glantal — St. Veit	
K 179	Pfaffenwinkel — Schongauer	
	Land ● □	
K 0179	Bad Kohlgrub	
	1:10.000/1:35.000 ●	
K 180	Starnberger See/Ammersee ● □	
K 0180	Radwanderkarte	
	Fünfseenland ● □	
K 181	Rosenheim — Bad Aibling ● □	
K 182	Isarwinkel ● □	
K 183	Freising — Erding — Markt	
	Schwaben ● □	
K 0184	Bad Wörishofen 1:20.000 ● □	
K 186	Oberschwaben — Leutkirch ● □	
K 187	Isny — Wangen ● □	
K 188	Kaufbeuren — Ostallgäu ● □	
K 189	Landsberg/Lech — Ammersee ● □	
K 190	Augsburg — Dachau —	
	Fürstenfeldbruck ● □	
K 207	Wachau — Nibelungengau ● □	
K 209	Wienerwald 1:35.000 ● □ ○	
K 215	Neusiedler See ●	
K 640	Nice — Monaco — San Remo ●	
K 641	Alássio — Impéria ●	
K 642	Savona — Varazze *	
K 643	Genova — Rapallo — Sestri	
	(Levante) *	
K 644	Cinque Terre — La Spezia *	
K 633	**KOMPASS-Auto- und**	
	Wanderatlas Südtirol —	
	Dolomiten 1:75.000 ●	

KOMPASS-
Wanderkartenprogramm
Italien 1:50.000

Sondermaßstäbe siehe Titelverzeichnis

K 600	Colli Euganei — Abano Terme	
	1:14.000/1:30.000 ●	
K 650	Isola d'Elba 1:30.000 ●	
K 660	Firenze — Chianti ●	
K 661	Siena — Chianti — Colline	
	Senesi ●	
K 664	Gúbbio — Fabriano ●	
K 665	Assisi — Mte. Pennino —	
	Camerino ●	
K 666	Monti Sibillini ●	
K 667	Monti della Laga *	
K 668	Monti Reatini *	
K 669	Gran Sasso d'Italia *	
K 670	La Maiella *	
K 680	Isola d'Ischia e Procida	
	1:10.000/1:15.000 ●	
K 681	Isola di Capri 1:7.500 ●	
K 682	Penisola Sorrentina ●	
K 693	Isole Eolie o Lipari 1:25.000 ●	

Titel der KOMPASS-Wanderbücher

Titel der KOMPASS-Stadtführer